区块链

重塑经济的力量

韩布伟 著

中国铁道出版社
CHINA RAILWAY PUBLISHING HOUSE

内 容 简 介

区块链作为一个全新的热点经济概念，具有去中心化、开放性、信息不可篡改等特点。本书将通过比特币及货币的历史来解读区块链的实质、区块链与大数据的关系及政府、投资机构的参与方式。本书对区块链来源、数字货币应用、区块链四大核心技术（分布式账本、加密授权技术、共识机制和智能合约）一一进行了理论分析与讲解。为了让读者更早地看到区块链的实际应用，我们还讲述了区块链在数字资产、公共领域、物联网方面的应用及未来区块链的发展趋势。

图书在版编目（CIP）数据

区块链：重塑经济的力量 / 韩布伟著. —北京：中国铁道出版，2016.12（2018.6 重印）

ISBN 978-7-113-22422-6

Ⅰ. ①区… Ⅱ. ①韩… Ⅲ. ①电子商务－支付方式－研究 Ⅳ. ①F713.361.3

中国版本图书馆 CIP 数据核字（2016）第 242770 号

书　　名：**区块链：重塑经济的力量**
作　　者：韩布伟　著

责任编辑：吕　芰　　　　**读者热线**：010-63560056
责任印制：赵星辰　　　　**封面设计**：MXK DESIGN STUDIO

出版发行：中国铁道出版社（北京市西城区右安门西街 8 号　邮政编码：100054）
印　　刷：三河市兴博印务有限公司
版　　次：2016 年 12 月第 1 版　　2018 年 6 月第 2 次印刷
开　　本：700 mm×1 000 mm　1/16　**印张**：12.75　**字数**：189 千
书　　号：ISBN 978-7-113-22422-6
定　　价：48.00 元

前言
FOREWORD

2018年上半年，区块链技术得到全球性的关注，超过100家投资机构、1000家企业进入区块链领域，在区块链技术方面的资金投入也超过百亿。

作为数字货币比特币的底层技术，区块链彻底颠覆了传统的支付体系，重新定义了交易流程。自2016年以来，不仅是是高盛，金融界其他巨头也纷纷向区块链技术抛出橄榄枝。

前摩根大通高管、信用违约互换（CDS）之母布莱斯•马斯特斯（Blythe Masters）加入数字货币公司Digital Asset Holdings，出任CEO；而包括纳斯达克、花旗、Visa在内的金融行业大咖也向区块链领域大把“砸钱”，他们联合投资了一家区块链初创公司Chain，涉及金额高达3 000万美元；花旗、摩根大通等金融机构还向一家区块链初创公司Digital Asset投资5 000万美元。

2016年1月，10多家国外大型银行对外宣称已经成功实验了区块链技术。在模拟现实（VR）环境下，区块链技术已经初步实现了银行和银行之间的即时交易，未来金融行业的操作标准很有可能就此诞生。参与区块链应用实验的10多家银行都属区块链联盟“R3 CEV”的成员，包括花旗银行、富国银行、汇丰银行、瑞士信贷银行等都是大家耳熟能详的国际著名银行。这次协作实验相当于是金融业在区块链技术应用领域的首次尝试。

金融机构纷纷关注区块链都是有原因的。如果反应比同行慢，最后只能被局势淘汰，因为它已经跟不上这个高速发展的科技时代了。

在当前的结算模式下，第三方清算中心管理着银行间的票据账本，而银行和银行之间的交易只能通过清算中心来完成结算。而由区块链设计出来的架构不需要经过清算中心，由银行和银行之间共同管理票据账本，交易在银行和银行之间完成。

区块链技术给金融机构带来的好处主要体现在两个方面：一方面是大幅度缩短了结算时间。结算中心需要至少一天时间来完成结算，而区块链技术可以让结算时间缩短到分钟或秒；另一方面是提高了银行间的透明度，降低了欺诈风险。交易数据由同网络内的成员共享，任何对交易数据的修改都需要得到所有成员间的认证。

在区块链的热潮下，中国也不甘落后。2016 年 1 月 20 日，中国人民银行在北京召开数字货币研讨会，宣布其数字货币研究取得了阶段性成果，并声称开始探索发行数字货币，而其背后核心就是区块链技术。在未来，区块链技术不仅会颠覆金融业，还将在众筹、证券等领域发挥巨大作用，承担“颠覆者”的角色。

区块链科学研究所创立者梅兰妮•斯万（Melanie Swan）认为，区块链技术的发展分为三个阶段：第一个阶段是数字货币领域的创新，如货币支付、转移和支付系统等；第二个阶段是智能合约创新，如证券登记、期货贷款的清算结算等；第三个阶段是人类组织形态的变革，包括科学、文化、健康以及司法、投票等领域的区块链应用。

尽管区块链已经在全球掀起热潮，但我们也应当清醒地认识到，无论在国外还是在国内，区块链技术的发展都处于早期阶段，各种区块链技术给出的解决方案都需要进一步探索和实践。

作为一个新技术，人们对区块链的认知、研究和实践还远远不够。中国要想在这一领域建立起优势，引领全球，还需要更多地重视和投入。尤其是理论研究者、互联网技术派、金融从业者及政府监管部门，应当积极投入并进行良性互动。在这种形势下，《区块链：重塑经济的力量》的出版，就是为了向大家介绍区块链的技术特点以及开发应用的前景。

区块链到底是什么？区块链有什么用途？区块链具有颠覆世界的力量吗？区块链技术会重塑世界经济吗？本书会一一为你解答。接下来，让我们一起走进区块链，揭开它的神秘面纱，探寻区块链的本质吧！

目 录
CONTENTS

第 1 章

区块链即将主导这个世界

尽管区块链技术还处于起步阶段，但那些较早投入这一领域的创业企业已经为区块链技术的发展与崛起打好了基础。区块链的核心是一个数据库，就像一个记录交易的账本。在未来，区块链技术将被应用在许许多多领域中，包括公证类、证券市场、支付系统等。下面，我们一起看看区块链主导下的世界是怎样的。

这是一场伟大的社会实验

区块链的应用范围很广。比特币是区块链中一个应用案例。区块链的应用也不仅仅局限于比特币。尽管比特币的出现带来了很大的争议。然而，由于其高的度的安全性，许多国家逐渐由反对到默认，由默认到支持。大家逐渐注意到比特币所应用的区块链技术，对实体货币来说，研究以区块链为基础的虚拟货币，极具探索意义。

为了便于理解，我们借助比特币来解读区块链。

人与人进行商品交易，必须以一种货币为参考。英国作为世界上最早发达的资本主义国家，于 1821 年正式启用金本位制，英镑成为英国标准货币单位。因与黄金直接挂钩，英镑很快取代黄金成为世界贸易和储备的货币，开始主导全球的金融和贸易，也使英国成为全球拥有殖民地最多、财富最雄厚、国力最强盛的“日不落帝国”。

第一次世界大战的爆发使英国的实力被严重削弱，而美国在第一次世界大战中实力大增，因此美国开始垂涎英镑的全球主导地位。美国利用第一次世界大战和战后重建获得了巨大的经济、政治利益。到 1929 年，美国工业产能占全球总量的 42.2%，相当于所有欧洲国家的产量总和。第二次世界大战时期，美国成为全世界反法西斯的战略大后方，成为第二次世界大战的主要受益国。战争几乎毁灭了德国、日本和意大利，极大地削弱了英国和法国的实力，前苏联也是满目疮痍。在这场战争中全须全尾的美国国内生产总值占全球近一半，贸易量占全球的 40%。

世界各国为了应付战争不得不拿出大量的黄金向美国购买武器和战争物资，犹太人积累的财富也流向了华尔街。美国成为全球最大、最强盛的经济体，黄金储备占全球的 59%，美元取代了英镑的全球地位。如图 1-1 所示为基准货币的变化。

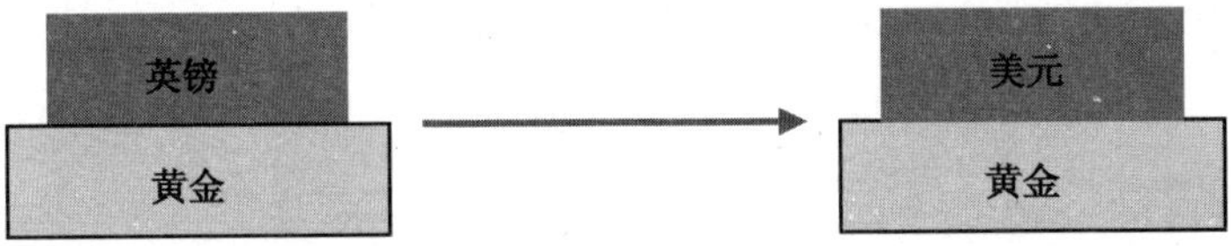

图 1-1　基准货币的变化

黄金储备之所以决定英镑、美元全球货币地位，是因为黄金具有五大核心功能，即价值尺度、流通手段、贮藏手段、支付手段和世界货币，那比特币呢?

与黄金不同，比特币是虚拟货币。我们了解黄金如何成为世界货币后，就会发现比特币作为全球货币是有可能的。如图 1-2 所示为对于基准货币的变化猜想。

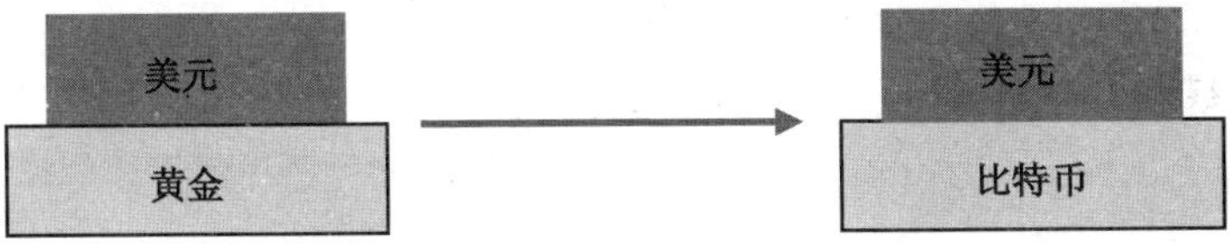

图 1-2　基准货币的变化猜想

众所周知，地球上的黄金总储量是有限的，但人类还没有把所有的黄金都挖出来，并且黄金的供应量也是以一个适当的年化速率在逐渐增加。当黄金的价格上升时，矿工们受到激励促使他们进行黄金的勘探和生产，因此，价格的上涨通常会伴随着产量的增长。

比特币在当下和黄金一样，“挖矿”是由价格上涨所激励的。供应量的增加及价格的上涨通过提供不容错过的好价格来鼓励那些拥有“储蓄”的人进行消费，这在理论上有助于在商业和储蓄之间维持一个长期的平衡。但是，理论和实践经常是不一样的，我们马上就会讲到为什么，但首先让我们谈谈比特币和黄金的区别所在。在黄金的世界里，我们永远也不能想出一个时间点，在这个时间点流通中的供应量永不再增加，但在比特币的世界中，供应量增长的截止时间是已经确定。

2008 年 10 月 31 日，有一篇名为《比特币：P2P 电子货币系统》的论文被发表在某个网站上。10 天之后，开源社区 sourceforge.net 上出现了一个叫作 bitcoin 的项目。

这个项目的创造者究竟是谁没有人知道。开发者只留下了一个中本聪 (Satoshi Nakamoto) 的名字，他在搭建完比特币体系后就从互联网上彻底消失了。此后项目由两个前谷歌(Google)工程师维护，但是他们俩也从未见过中本聪。有人开玩笑说中本聪是从未来坐着时间机器来到现在写了这个程序。

比特币的本质是一堆复杂算法所生成的特解。特解是指方程组所能得到无限个（其实比特币是有限个）解中的一组，而每一个特解都能解开方程组并且是唯一的。

以人民币来比喻的话，比特币就是人民币的序列号，你知道了某张钞票上的序列号，你就拥有了这张钞票。 而挖矿的过程就是通过庞大的计算量不断去寻求这个方程组的特解，这个方程组被设计成只有 2 100 万个特解，所以比特币的上限就是 2 100 万。比特币区块链数量变化如图 1–3 所示。

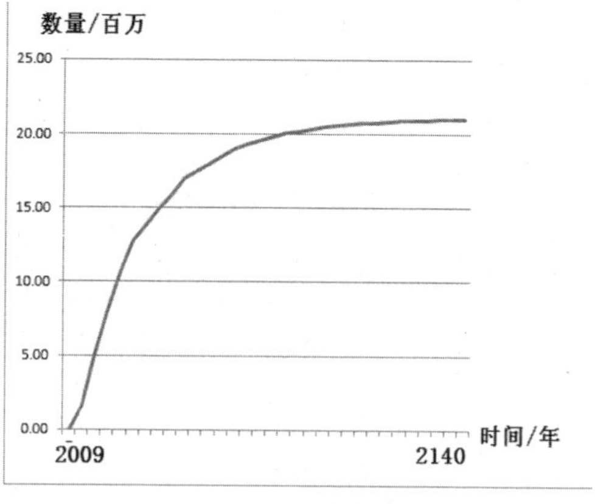

图 1-3　比特币区块链数量变化

为了控制比特币的数量，规则制定者采用每 4 年递减 50% 的策略。即，在第一个从 2009 年 1 月到 2012 年 1 月，约有 1 050 万个比特币被生成。随后的每 4 年这一数值减半，所以在第 5 ~ 9 年会产生 525 万个比特币，第 10 ~ 13 年生成 262.5 万个币，并以此类推。这样，比特币的总量就永远不会超过 2 100 万个。到 2140 年时，基本不会再产生新的比特币。

由此可以看出区块链的机制，接下来我们看一下区块链的特点。

汇丰银行曾发表过一则研究报告，报告中建议中央银行使用区块链技术，以实现货币政策的精准投放。例如，在比特币区块链中，任何一个支付都可以被追踪，如果在一笔钱上写上一段程序，不允许投放到房地产行业，那这笔钱就永远进不了房地产公司的账户。汇丰银行之所以提出这一建议，在于区块链具有价值互联网的特点。

区块链本身自带价值互联网的四大特点，如图 1-4 所示。

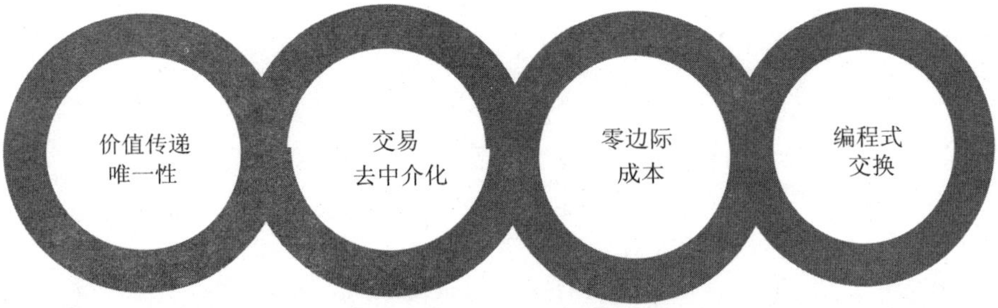

图 1-4　区块链本身自带价值互联网的四大特点

第一，通过互联网进行点对点价值交换时，需要解决信息唯一性传递的问题。例如，我们在网上发邮件，发给一个人与发给 100 人，不会出现明显的成本增加。而如果通过互联网付款时，就只能付给一个人。所以，信息可以无限地复制，而价值交换需要保持其唯一性。为了避免这种现象发生，我们就需要通过区块链来阻止。

第二，价值互联网需要建立一个规则。这一规则使互联网在价值交换中实现去中介化，在没有金融业做担保的情况下，也能实现让人放心的支付功能。这时就需要一个使双方都信任的算法来保证。

第三，零边际成本。因为没有第三方参与，只是通过一个算法使双方建立信任关系，所以这里交易的成本特别低，基本可以实现交易零成本。

第四，价值编程式交换。例如，你通过基金会做一次捐款，用途为校园的修建。如果你使用数字货币上的区块链去支付这笔钱，可以在区块链上写一个小小的程序，把学校的账户写上去，然后一起寄给基金会。如果基金会不往学校账户支付这笔钱，那么这笔钱基金会永远无法使用。因为你付的不仅仅是钱，还有一段代码。

这场实验已经在全球展开，美国、德国、中国、日本等国家在密切关注区块链的动态，各大投资机构也纷纷入场，大家不妨静下来，等着传奇发生。

为何采用限量限速模式

“比特疯”是流行于互联网的一个新词汇，寓意为“疯狂的比特币”。作为网络虚拟资产，每一块比特币的产生、消费记录都会记录在区块链上，不存在伪造的可能。随着比特币被越来越多的人接受，比特币已经可以兑现成许多国家的货币。

比特币（Bitcoin）也叫作“比特金”，首次发行于 2009 年 1 月 3 日。比特币的获得离不开计算机程序计算。如果你有一台配置极高的计算机，并且对于计算机程序略懂一二，就可以下载一个客户端，使用特定软件，完成特定数学程序后获得一定数量的比特币。业内将获取比特币的过程称为“挖矿”。显然，“挖矿”与开心网上流行的“偷菜”不一样，它对计算机硬件要求非常高，而且所进行的数学计算也是极为复杂的。

比特币有两个明显的特征：第一，比特币是通过网络节点计算产生的，不像人民币、日元、美元一样有固定的发行方。只要具备了相应条件，任何人都可以参与制造比特币；第二，比特币的发行量是限量限速的，这是因为软件算法的特解有一定的额度，所以不会无限量发行。现有的比特币数量越多，将来挖掘新币的难度也就越大。截至 2016 年，已有的比特币约为 1 530 万个。到 2140 年左右，比特币的产量将达到其上限——2 100 万个，在上一节中已经做了说明。

据了解，中国已经超越美国和日本成为比特币投资交易最活跃的国家之一，如图 1-5 所示是 2009 ～ 2016 年比特币在中国日交易量的增长情况。

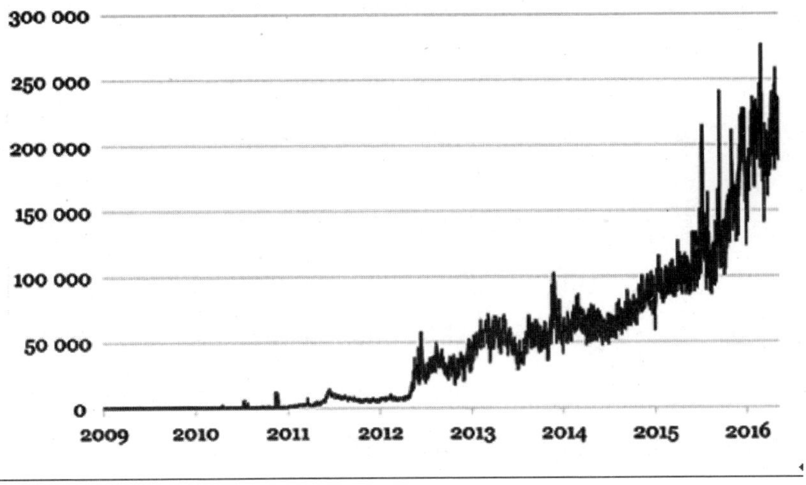

图 1-5　2009 ～ 2016 年比特币在中国日交易量的增长情况

在最初诞生的几年里，比特币几乎不为大众所知，而且没有什么价值。情况发生改变是从 2013 年塞浦路斯发生金融危机开始的。某些欧洲国家的货币大幅贬值，而比特币却突然一路高涨，掀起了炒作热潮并带动了整个数字货币行业的掘金狂潮。2013 年 11 月，一枚比特币相当于 8 000 元人民币，综合涨幅超过 10 000 倍。

2016 年以来，各国纷纷采取行动关注以比特币为代表的数字货币。2016 年 1 月 20 日，中国人民银行数字货币研讨会在北京召开，央行明确表示将争取早日发行央行数字货币。与此同时，日本国会也批准有关加密数字货币的新法案，将数字货币视为一种具有货币功能的合法支付形式。另外，作为全球金融中心之一的英国也宣布发布数字货币 RSCoin 并进行测试。

作为一种投资标的，比特币为什么会得到众多投资人的喜爱呢？最主要的原因就是比特币的数量和挖掘速度都极其有限，不像股票、纸币一样可以增发。相比之下，数字货币具有天然抗通货膨胀的属性。

综上所述，比特币无论从金融层面还是社会层面，都已经从默默无闻变得万人瞩目。

你是新一代矿工吗

作为一种总量只有 2 100 万的数字货币，价值连城的比特币吸引着众多人士的注意力，很多人都想知道除了金钱交易以外获取比特币的渠道。由于比特币存在于数字空间中，隐藏在特定算法里，所以必须投入足够多的人力物力才能挖掘出来。通过计算机设备运算产生比特币的过程就是所谓的比特币“挖矿”，而操作这一过程的人就是新一代矿工。在这一过程中，新的区块不断产生，成为区块链。

矿工们首先需要通过计算机设备下载比特币“挖矿”工具，然后让设备持续运行就能得到一定数量的比特币，最后利用账户信息来确认以后才能取得对比特币的拥有权。尽管比特币可以被分割为 3 000 ~ 5 000 份，但因为比特币的总量远远少于真实货币的数量，这种稀缺性吸引了大量矿工进行“挖矿”作业。

从表面上看，比特币“挖矿”非常简单，技术含量也不高，但是比特币在设计之初已经制定好了规则，产生新比特币的算法难度会随着比特币产生的速度发生周期性变化，如图 1–6 所示。

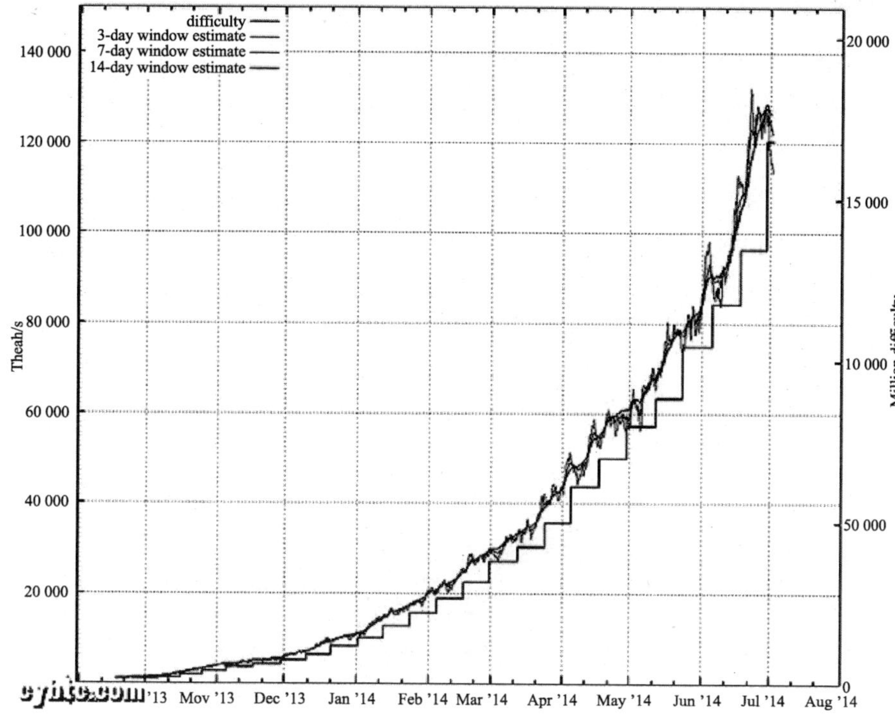

图 1-6　产生新比特币的算法难度与产生速度的变化曲线

简单来说，就是矿工挖掘比特币的速度越快，“挖矿”的难度就会越大；如果矿工挖掘比特币的速度减慢，那么“挖矿”的难度也会降低。由此可见，在比特币经济里，“挖矿”是需要持续进行的，否则与比特币相关的交易就会无法处理，比特币的经济就无法持续下去。

根据比特币“挖矿”原理可知，计算机的运算能力是挖掘比特币的关键。对于大多数矿工来说，只要打开“挖矿”客户端然后挂机就可以坐等比特币的产生。目前常用的“挖矿”工具有 Ufasoft Coin、Guiminer 等。由于越来越多的人涌入到“挖矿”行列中，比特币的产生也随着运算力的增大而变得缓慢。

2009 年就加入“挖矿”行业的龙禹江是中国最早一批比特币矿工之一。他还是四川菲尔航空科技公司的 CEO，其公司主要从事虚拟仿真飞行业务。

据龙禹江介绍，当时全球平均每小时开采 160 个比特币。而他拥有 60 台挖矿机，总计算能力为 300TH/S，几年以来平均每天挖矿量为 69.217 5 个比特币，按照价格 4000 元计算，他一天的收入就超过 20 万。

然而，“挖矿”的成本投入是非常大的。龙禹江的 60 台矿机一天工作 24 个小时，在用电方面的消耗每天都超过 10 000 元。而且每一台矿机都需要安装将近 400 块的专用挖矿芯片，芯片成本将近 20 000 元，而这些日夜运转的矿机芯片损耗率相当大。最严峻的情况是，比特币的产生速度越来越慢。龙禹江预测，到 30 年后一天能挖到一个比特币就是乐观估计了。

现在的龙禹江一边“挖矿”，一边卖矿机。最高档的矿机计算能力为 2TH/S，售价 58 万元。“下单后半个月内送货上门，一个月能挖到 50 个比特币，几个月就能回本”，龙禹江说。像龙禹江一样的专业矿工还有很多，下面我们向大家介绍中国神秘的四大比特币顶级玩家，如图 1–7 所示。

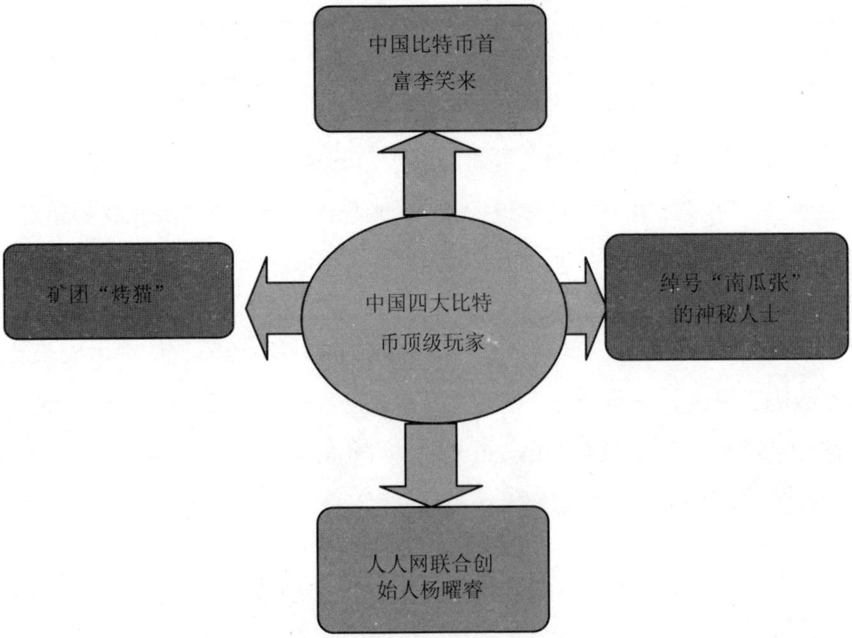

图 1-7　中国四大比特币顶级玩家

第一个是中国比特币首富李笑来。李笑来持有的比特币兑换成人民币后，有 6 亿元之多。李笑来曾经在新东方任职教师，后来开始专门投资和组织研发“挖矿机”。曾经因为挖矿用电量太大被断电的事迹让很多人知道了这个“挖矿”狂人。

李笑来曾发起在广州、深圳、上海等地的路演，募集国内首个比特币基金。该募资计划的基金总额为 2 000 万元，采用有限合伙的形式募集，个人投资人最低出资额为 10 万元。如今，李笑来已经成为比特币经济圈里著名的天使投资人。

第二个是绰号为“南瓜张”的神秘人士，至今无人知道其真实姓名。“南瓜张”对中国比特币产业链的运营发挥着至关重要的作用，因为专属芯片“阿瓦隆”就是由他提供的。

第三个是人人网联合创始人杨曜睿。杨曜睿是 ASICME 团队的创始人，主要从事矿机销售。按照 ASICME 团队公布的矿机参数，一台售价 3 000 元的最低配置挖矿机在运行一个月左右就能回本。ASICME 团队的矿机在上线一个月的时间里就达到数百万元的销售额。

ASICME 团队研发的第一代产品 ASICME Avalon 系列矿机是傻瓜级矿机，只要有电、有网，进行简单设置后就能全自动挖矿，而且根本不用电脑。同时，ASICME 团队对“南瓜张”的阿瓦隆原型挖矿机进行了改进，使其运行得更加稳定可靠。另外，李笑来非常看好 ASICME 团队成员及其丰富的技术、资源等实力，对其进行了大额投资。

第四个顶级玩家是矿团“烤猫”。与 ASICME 团队相比，“烤猫”团队显得更加神秘，其创始人一直是一个谜一样的存在。“烤猫”是全世界最大的矿团，曾独占全球比特币挖掘效率近 30%，在许多矿工心里“烤猫”就是一个传说。

“烤猫”在 2012 年 7 月年注册成为深证比特泉公司，同年 8 月在全球比特币股票交易所上市，发行 40 万股。其中，公众持有 163 962 股，深证比特泉公司持有 236 038 股。不到一年，其公司市值就超过 1.3 亿美元，为公司股东带来大量分红。

尽管只是一种在虚拟空间中用特定算法挖出来的虚拟货币，但比特币为矿工们带来了巨额的收益，而围绕比特币已经形成了一个完整的产业链，其未来我们拭目以待。

知足吧，价值千万元的比萨饼你也经常吃

许多人抱怨自己挣得少，花得多，号称正宗的“月光族”。其实只能回你一句“身在福中不知福”，你每天吃的比萨饼也值 4 000 万元。

美国佛罗里达州程序设计员拉斯洛 · 豪涅茨是第一个使用比特币的人。他在 2010 年 5 月 21 日，用 1 万个比特币换了一张比萨连锁店棒约翰的比萨优惠券，这张优惠券价值 25 美元。当时的折算比率大致为 1 比特币 =0.015 元人民币。

如果拉斯洛 · 豪涅茨的比特币保存到了今天，至少可以换得 4 000 万人民币，因为比特币已经升值了数十亿倍。

倒霉的也不止他一个。英国 28 岁的 IT 男詹姆斯 · 豪厄尔斯将装有 7 500 枚比特币的电脑硬盘丢到垃圾填埋场里，这也是一个倒霉的人。

看到这里，我们就有必要讲一下比特币的成长史。

2009 年 1 月 3 日，中本聪在位于芬兰的赫尔辛基通过一台小型服务器挖出了 50 个比特币。

2010 年 5 月 21 日，第一次比特币交易，就是前文提到的佛罗里达程序员拉斯洛 · 豪涅茨用 1 万比特币购买了价值 25 美元的比萨优惠券。由于比特币涨价速度过快，拉斯洛 · 豪涅茨说：“比萨真的很好吃，就是价格有些高。”

2010 年 7 月 11 日，比特币被著名新闻网站 Slashdot 报道，比特币用户量极速增长。5 天后，价格上涨 10 倍，由 0.008 美元升值 0.08 美元。

2010 年 11 月 6 日，比特币的价格达到 0.5 美元。

2011 年 2 月 9 日，比特币价格涨至 1 美元。

2012 年 9 月 27 日，比特币基金创立，比特币价格为 12.46 美元。

2013 年 2 月 28 日，比特币价格刷新历史纪录达到 31.91 美元。

接下来，比特币变得十分疯狂。2013 年 3 月 16 日，比特币价格为 47.45 美元。

2013 年 3 月 28 日，比特币总市值超过 10 亿美元，均价为 92 美元。

2013 年 4 月 1 日，比特币超过 100 美元，9 天后比特币价格达到 266 美元。

2016 年 12 月，比特币价格为 1000 美元；2017 年 1 月 11 日，比特币价格为 18674 美元；2017 年 12 月 31 日，比特币价格为 11000 美元；2018 年 2 月 7 日，比特币价格为 8100 美元。

看了上面的数据，我们不得不感慨数字货币的爆发力。

区块链对金融系统冲击如何

2017 年的“双 11”，支付宝战果累累。天猫再次以单天 1682 亿元的销售成绩打破了纪录，期间支付宝的处理能力得到了极大考验，也成为众人关注的焦点。据阿里巴巴公布的数据显示，支付宝在 2015 年“双 11”期间，共完成 14.8 亿笔支付。不难想到，辉煌的战绩源于一大批“剁手党”的支持。

“剁手党”就是那些热衷于网购，在打折优惠的活动中过度消费的群体。在当前的金融环境中，消费和投资两种行为是分离的，所以才会产生“剁手党”。众所周知，消费是不会产生增值效益的，而投资可以。因此，传统的金融消费模式都是鼓励投资，抑制消费。然而，一般的消费者总是控制不住自己，而商家也千方百计鼓励消费者进行消费，所以才产生了“双 11”这样的购物狂欢节。

“剁手党”就是在这种情况下产生的，于是，每次过度消费后，他们就开始后悔，立志再不克制就“剁手”。这种商业环境是非持续的。有没有一种商业技术和模式，让消费者在消费的同时还能投资，让“剁手党”成为“治愈系”？

“区块链”技术为新的金融消费模式提供了可能。让新的“治愈系”金融模式有了可能。区块链技术依靠矿工为每一笔交易公证记账，盖“时间戳”，能够杜绝虚假重复支付，从而建立起基于互联网的“信用”，而且不依赖任何中心化第三方。这个系统具有以下 5 个特征，如图 1-8 所示。

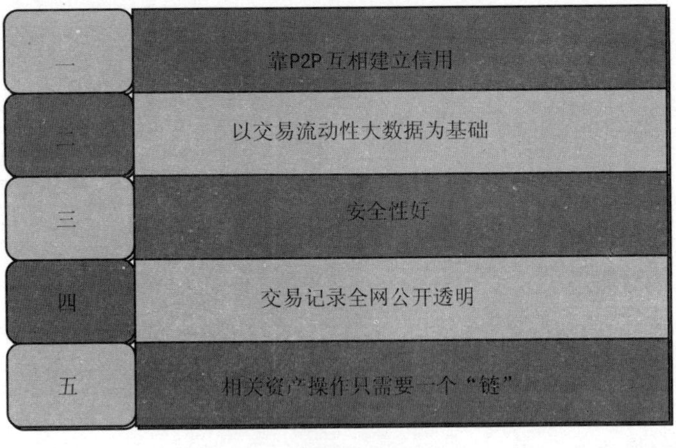

图 1-8　区块链系统的特征

第一，区块链依靠 P2P 互相建立信用，成本低廉。目前每笔交易转账费只有万分之一比特币。

第二，区块链建立起的信用以交易流动性大数据为基础，跳出了传统一定要资产背书才能建立信用的模式。比特币的总市值最高达到了100亿美元，是全球成本最低的信用资源之一。

第三，区块链的安全性比任何中心化管理方案都要高。由于区块链相当于一个全网公证的账簿，保存在成千上万个矿工手里，所以黑客的攻击或者篡改都是无效的，除非他控制了全网记账的51%算力，但这需要耗费几十亿元的成本。

第四，区块链上包含的所有交易记录都是全网透明公开的，非常有利于审计和监管，能够预防金融诈骗等。

第五，区块链首次做到了将资产登记、交易、清算、审计等操作同时放到一个“链”上进行，这使消费和投资融为一体的金融消费模式提供了技术可能。

我们可以设想：从今以后，天猫、淘宝的商家在“双11”不需要打折，而是通过区块链进行比特币交易，而消费者可以通过消费获得区块链积分。这种积分由全体天猫、淘宝的商家共同记账在区块链上产生，也就是说，每个商家品牌将本来用于打折的资产在区块链上换成一种数字资产，并且通过区块链让所有商家互相公证资产和转账的真实性。

根据区块链原理，每个商家品牌每年发放的积分都是有限的，并且由区块链密码学协议保证每年递减以及总量有限。如果这个商家品牌做得非常好，那么其业务每年都会递增，用户量在扩大，但是每年积分发行在逐渐减少，因此用户往年消费获得的积分就可以获得“自动分红”（同样的积分随着时间增长价值上升，可以换回的产品越来越多）。这就是投资的效果，因为往年的消费者没有立即把积分兑换成商家产品，而是投资了商家，商家在业务发展之后，积分持有人获得相应利益也是合理的。

由于消费者获得的区块链积分由全体淘宝、天猫商家记账公证，并由商家本来用于打折的资产做背书，所以其信用非常牢固。因此，这样的信用具备全网流动性。如果这种区块链积分可以在天猫、淘宝上互换交易，其金融意义是非常大的：

这可以获得一种低成本的全球市场的信用资源。

当然，这样的信用也有不足之处，就是所有的商家品牌都无法保证自己的区块链积分一定能升值，所以其在全球价值转移中无法充当价值尺度，就像投资股票一样。

区块链与比特币是父与子的关系吗

比特币是区块链技术上的一项应用，没有区块链就没有比特币。作为比特币的底层技术，区块链在早期并没有受到人们关注。然而当人们发现比特币在没有任何中心化机构运营和管理的情况下，依然保持稳定地运行，并且没有出现过任何问题，于是很多人开始注意到，比特币的底层技术或许有更强的优势，而且不仅仅可以在比特币中运用，还能推广到许多领域中。

在这种情况下，比特币的底层技术被人们抽象提取出来，称之为“区块链”技术，也叫作“分布式账本”技术。从某种意义上说，比特币是区块链的第一个产物，而且是产物之一。与TCP/IP等底层技术相似，区块链在未来将会扩展到越来越多的行业中。

成本低、过程高效透明、无中介参与以及数据高度安全是区块链技术的4个优势，如图1-9所示。因此，在上述4个方面有任意一个需求的领域都有机会使用区块链技术，并且带来新的技术变革。

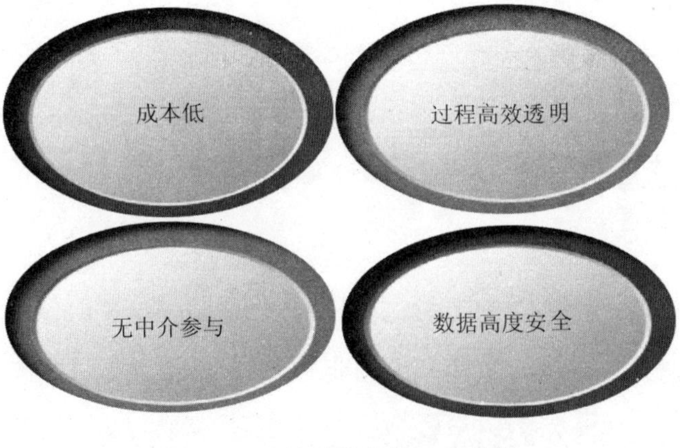

图1-9 区块链技术的4个优势

对于区块链与比特币的关系，很多人依然有些不明其所以然。下面，我们在尽量少涉及技术细节的前提下，将区块链运行的原理通俗地讲给大家。

我们都知道一本账本必须具有唯一确定性的内容，否则它就会失去参考意义，这就使得记账自然成为一种中心化行为。在技术落后，通信联系不发达的时代，这是必然的选择。在如今的信息时代，中心化的记账方式依然覆盖了社会生活的方方面面。然而，中心化的记账方式却有一些软肋，一旦这个中心出现问题，例如，被篡改或者被损坏，整个系统就会面临危机乃至崩溃。

一个典型案例就是 21 世纪初的安然事件。在 2000 年《财富》杂志公布的世界 500 强企业中，安然名列美国公司第 7 位。与 1996 年相比，公司有 65% 的增长，成长幅度超过互联网时代的网络设备供应商思科公司、计算机芯片行业中的龙头企业英特尔公司。到 2000 年为止，安然已连续 5 年被评为美国最具创新精神的公司。

在 2001 年宣告破产之前，安然拥有约两万名雇员，是世界上最大的电力、天然气及电信公司之一，2000 年披露的营业额达 1 010 亿美元之多。到 2002 年，安然一词却成了“贪婪、自傲、欺诈和华尔街不公正”的代名词，拥有上千亿元资产的安然公司是如何在两年内从辉煌走向倒闭的？致使它倒闭的原因是什么？一个超级明星公司为何突然背负起众多的骂名？

原来，安然公司的管理层持续多年利用合伙公司对公司财务造假，在鼓吹股价上升吸引投资的同时抛售股票，最终导致安然公司破产。自此，“安然”成为公司欺诈及堕落的象征。

另外，如果账本系统承载的是整个货币体系，也会面临中心控制者滥发导致通货膨胀的风险。历史上，由于货币滥发导致通货膨胀的案例数不胜数，在当今世界上依然时有发生。如津巴布韦，从 1980 年到 2010 年 30 年的时间里，津巴布韦政府共发行了 4 代津巴布韦元，而每一次都陷入了恶性贬值。

2008 年 11 月，津巴布韦的通货膨胀率高达 98%；2015 年，津巴布韦元甚至已经失去了流通资格，当地只能将其他国家的货币作为流通工具，包括卢比、米特、日元、欧元、澳元、美元、人民币等。

由此可见，中心化的记账方式对中心控制者的能力、参与者对中心者的信任以及相应的监管法律和手段都有极高的要求。那么，有没有可能建立一个不依赖中心及第三方但是却可靠的记账系统呢？如果可能，我们就可以克服中心化记账的弱点。

从设计记账系统的角度来说，系统的构建需要具备以下两个条件：一是让所有参与方平等地拥有记账权力，不能指定任何参与方拥有特殊记录账务数据的权力；二是让所有参与方平等地拥有保存账本的权力，不能指定任何参与方拥有特殊的保存账本的权力。

两个条件综合考虑，你会发现麻烦来了：在所有参与方都可以记账并保存账本的前提下，必然会导致账本数据的不一致。道理很简单，就算没有恶意参与方，由于每个参与方所处的环境是不一样的，接收到的账务信息也会有偏差。而作为一个记账系统，数据一致性是最根本的要求。如果大家记的账都不一样，整个记账系统就会混乱，也就没有了价值。同时满足两个条件似乎成了不可能解决的问题。

然而，中本聪构造了一个极为精巧的系统，将这个难题攻破，这个系统就是区块链。那么，区块链是通过什么样的架构设计最终解决了去中心化记账的难题呢？这里我们先引入“节点”这一概念。在信息时代，计算机负责记账，而在记账系统中接入的每一台计算机都是一个“节点”。

区块链就是以每个节点的算力来竞争记账权的一种机制。在比特币系统中，算力竞赛每 10 分钟进行一次，而竞赛的胜利者就获得一次记账的权力，即向区块链这个总账本写入一个新区块的权力。这就导致在一段时间内只有竞争的胜利者才能完成一轮记账并向其他节点同步增加新的账本信息，产生新的区块。

需要注意的是，算力高并不能保证竞争一定会胜利。就像彩票系统一样，算力高的节点相当于一次买了很多张彩票，而算力低的节点只能买较少的彩票。因此，在一轮开奖中，一次买很多张彩票的人只是比一次买较少彩票的人中奖概率更大，却并不一定会中奖。

那么，算力竞争是如何进行的，判定竞争结果的又是谁呢？区块链的“工作量证明”在这一过程中发挥着重要作用。我们来看一个形象的案例：如果我早上给你一些零件，让你组装一批玩具，当我晚上回来后看到需要的玩具就放在桌子上，尽管我没有见证你组装玩具的过程，但我可以确定你确实做了这些工作。这就是工作量证明的简单理解，即利用一个人人都可以验证的特定结果确认竞争参与者完成了相应的工作量。

当然，参与者参加算力竞争是有目的的，即获得比特币奖励。没有奖励，节点就没有进行竞争的动力。在中本聪的设计里，每一轮竞争胜利并完成记账的节点，都会得到系统给予的一定数量的比特币奖励。这个奖励的过程也是比特币发行的过程 。节点为了获得系统发行的比特币，就会不停地进行计算。

这种设计是相当精巧的，它将货币的发行与竞争记账机制完美结合到一起，在引入竞争的同时也解决了去中心化货币系统中发行的难题。我们在上文提到过这个过程也叫“挖矿”。

区块链这样一个去中心化的记账系统的发展潜力体现为这个系统可以承载的各种价值形式。作为一个记账系统，区块链不仅可以记录以比特币为代表的数字形式的货币，还可以记录能用数字定义的其他任何资产。这意味着区块链可以定义为更复杂的交易逻辑，如股权、产权、债权、版权、合约、公证、投票等可以用数字形式进行价值存储或转移的任何东西。

因此，区块链技术作为比特币的源头，吸引了越来越多精英人士和巨头公司的关注。正如《经济学人》的封面文章所讲的："区块链是一个制造信任的机器。在任何需要信任的领域，区块链都可以有用武之地。"

P2P 钱包，个人资产数字化

区块链技术可以将世界的资产和权益进行数字化，并实现 P2P 登记发行、转让交易、清算交割等金融业务。为了更好地理解区块链构建的 P2P 钱包，我们以基于区块链技术的小蚁开源系统为例，看一看区块链在这方面的应用。

虚拟货币系统通过工作量证明实现了财产权利的自治和去中心化，而小蚁开源系统制定了确定性的规则，以可追究责任的方式，进行没有自由裁量度的简单事务，因此并不需要追求完全的去中心化。开源程序不需要每个人都独立编译源代码，只需要由少数人进行编译验证，然后将已经编译好的程序供大家下载即可。

对小蚁开源系统中的记账人来说，记账仅仅是一种确定性的简单事务，其权力远小于比特币矿工。小蚁开源系统利用这种设计将清算确认时间做到了 15 秒。

在基于比特币区块链的金融交易中发送一个挂单指令，确认挂单成功的时间需要 10 分钟，并且还要支付高于普通转账的手续费。小蚁使用的是清算型区块链，即牺牲一部分不关键的信息记录，但是可以获得更好的灵活性、吞吐量及用户体验。小蚁将区块链仅用作登记发生资产变更的交易，并由此派生出一种新型的去中心化交易模式——"超导交易"。

通过小蚁开源系统独有的"超导交易"模式，用户不需要给交易所充值，就可以在交易所进行挂单。在挂单成交后，交易所会把成交的交易信息传播到小蚁开源系统的协议网络中，并被区块链记录。

例如，用户甲想要通过小蚁开源系统的“超导交易”卖出自己持有的某公司股权，他不需要提前将自己的股权转进交易所，只需要在本地通过私钥（加密算法，用于加密和解密数据）对委托单进行签名，就可以成功挂单。与用户乙成交后，用户乙的人民币款项将直接进入用户甲的钱包，而用户甲的股权则会直接转让给用户乙，不需要通过交易所中转。

超导交易所不涉及用户的钱财管理，用户无须充值，没有提现，在很大程度上简化了运营流程，获得了较高的用户信任度。只要小蚁用户运行的服务器可以提供稳定的撮合服务，不管你是企业还是个人，都能成为超导交易所。

作为一种新形态的交易，超导交易由交易所负责撮合信息，区块链负责财物交割。由于超导交易所不涉及用户钱财管理，而且交易指令都有密码学证据，所以超导交易所根本没有特殊权力，甚至不需要监管部门的前置审批。

另外，用户本身不需要为挂单、撤单指令支付小蚁币。如果挂单成交，交易所会承担支付数据写入区块链所需的小蚁币手续费。随着区块链技术的主流化，超导交易模式很可能会成为包括 A 股在内的主流金融市场的发展方向。

小蚁开源系统客户端为用户提供了查询、支付两个密码，用户体验与传统网银一致，用户付出较低的学习成本就能获得良好的安全性。除非用户主动向他人提供数字证书，否则任何第三方都不能获知你的身份。

整个现存的互联网金融生态都是小蚁开源系统的目标用户，引入大量实体世界的金融资产是小蚁开源系统的现阶段目标。因此小蚁开源系统的设计充分考虑了合规要求，定位为一个对接实体世界的区块链金融系统。作为一个去中心化的网络协议，小蚁开源系统可以被用于 P2P 网贷、股权众筹、数字资产管理、智能合约等领域，如图 1-10 所示。

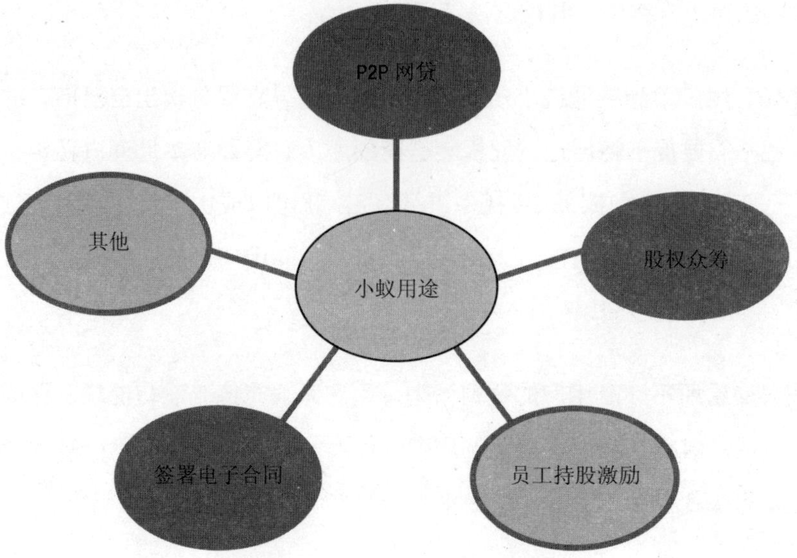

图 1-10 小蚁开源系统的用途

1. P2P 网贷

P2P 网贷平台如果使用小蚁开源系统作为其平台网贷项目的债权管理系统，债权的转让、交易就会变得更加方便，大大提升了其流动性，并且除本平台以外的用户也可以参与交易。这样，用户就可以放心地购买长期债权，享受高息，如果有应急之需，便可以通过小蚁开源系统的交易转让系统随时将长期债券贴现转让。另外，企业还可以利用小蚁开源系统发行自己的企业债权。

2. 股权众筹

小蚁开源系统还可以被用于股权众筹。小蚁开源系统提供的去中心化交易机制对股权交易有巨大帮助。初创公司完成股权众筹后，可以通过小蚁开源系统管理众多股东的股权。在这个过程中，初创公司获得了市场估值、股权流动性，而用户获得了退出机制。初创公司通过将股权登记在小蚁开源系统区块链上，可以在区块链上进行首次公开募股，获得资金。

中国的股权众筹监管意见明确表示禁止众筹平台自营股权交易系统。为了满足用户的转让、交易需求，同时还不触犯监管法规，众筹平台可以使用小蚁开源系统作为其平台众筹项目的股权管理系统。

3. 员工持股激励

如果你的公司采用了员工持股激励制度，那么使用小蚁开源系统来进行员工持股管理是一个很好的选择。与自建系统相比，小蚁开源系统具有更经济更安全的优势。小蚁开源系统的设计为公司提供了灵活的股权转让控制权，例如，公司可以限制股权只能被指定员工持有，或者灵活设置允许股权转让或交易的比例。一般来说，公司允许员工每年最多转让的股权比例不超过 25%。

4. 签署电子合同

比特币系统是一个基于区块链的支付系统，而小蚁开源系统是一个基于区块链的电子合同系统，这是两者最大的不同。小蚁开源系统可以被用于签署任意电子合同，交易用户双方只需要通过私钥对合同进行签名就能完成数字资产的转让交易。如果合同的标的物是小蚁开源区块链以外的资产，那么合同参与方需要自行执行；如果合同的标的物是登记在小蚁区块链上的数字资产，那么小蚁开源系统就能自动在链上进行程序化交割执行。不管是哪一种情况，小蚁开源系统都消除了签署、保管大量纸质合同的烦琐性，并用数字签名保证了合同的不可抵赖性。

5. 其他

小蚁开源系统用户还可以使用发行资产功能发行基金份额、积分点券及财产凭证等；电子合同功能还可以被用来当作金融合约及证据存证等；去中心化交易所还可以进行大宗商品（包括能源商品、基础原材料和农副产品三个类别）交易、外汇交易等。

区块链技术具有的资产注册登记、转让交易、清算交割等功能在小蚁开源系统身上得到了很好的体现。小蚁开源系统实现了用户资产数字化，使得任意实体资产的财产权益都能够被编程。我们相信基于区块链技术的小蚁开源系统与传统金融系统相比具有压倒性的优势，而且还将创造出全新的数字化金融生态。

你将是世界公民，而非一国公民

2016 年至 2018 年，全世界都掀起了一股研究区块链的热潮。一大批世界顶级金融机构表示对这项技术有巨大兴趣；科技界巨头也争相发布在区块链相关领域的战略；风投机构也按捺不住，在三年时间里向区块链领域投入资金总计超过了 50 亿美元。

区块链有什么魅力，竟然受到金融科技巨头的如此待遇？在互联网、大数据、云计算、认知计算这些高端技术面前，金融科技公司们都没有像今天一样不约而同地参与进来；在 1998 年亚洲金融危机、2008 年全球金融危机面前，金融巨头们都没有像今天一样聚集 40 多家金融机构一起讨论如何应对危机。可是今天，几乎所有的金融科技巨头们都对概念晦涩难懂的比特币以及比特币背后的区块链技术如此热衷。

区块链之所以轰动了整个世界，其根本原因是区块链技术带给人类的不仅仅是一项技术，还通过这种技术为人类带来了全新的经济运行方式——全球化的经济共和。

人类历史上出现政治上的共和制是在 200 多年前，而经济上的共和至今还没有到来。然而，区块链技术为人类历史上第一次实现经济上的共和提供了可能性，如图 1-11 所示。

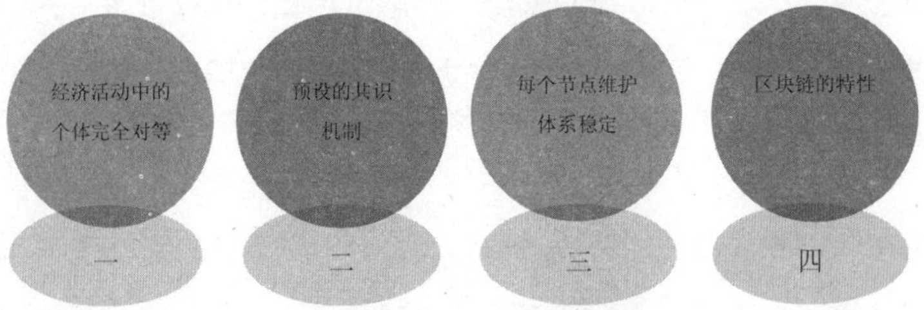

图 1-11　区块链技术为经济共和提供的可能性

第一，利用 P2P 价值网络可以实现参与经济活动的个体的完全对等；

第二，预先设立的共识机制就是经济共和中的“宪法”；

第三，每个节点在维护体系稳定方面都发挥着重要作用，而不需要中心化高权节点；

第四，区块链透明、不可篡改等各种特性是实现经济共和的基础。

经济共和为我们带来了什么呢？如果说政治共和使我们享受到了民众平等的政治权利，那么经济共和就相当于给了所有人平等的经济权利，而且这种平等的经济权利是相对于世界范围内来说的。

与当今很多国家的金融系统都存在绝对的高权节点不同，区块链提供了一种以互联网价值网络的形式连接全世界所有经济个体，并且平等对待的经济运行方式。在以区块链技术为基础的经济运行方式里，每个个体的权利都是由预先设定好的共识机制或者经过签署的智能合约决定的，这将使得经济全球化实现最大化地自动运行。同时，这种经济共和让我们从一国公民的身份转变为世界公民，其意义体现如图 1-12 所示。

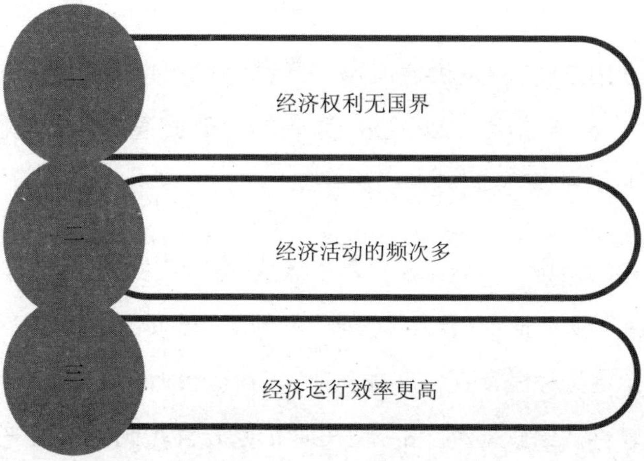

图 1-12　经济共和的意义

首先，政治共和具有地缘性特征，而区块链技术驱动的经济共和却没有。区块链达成的共识机制可以使人们轻易地与太平洋对面的另一个人平等地拥有经济权利。

其次，一个人可以不参加政治活动，但是其生存离不开经济活动。与政治活动相比，经济活动的频次更加频繁。

最后，政治共和在某种程度上牺牲了效率，但是经济活动在区块链上的执行却可以通过自动执行智能合约使当前经济运行效率空前提高，同时根据所有者的意愿进行财物交易等经济活动。

作为区块链的第一个应用，比特币创建了人类第一个经济共和。

一个全球化的无阻流动的经济已经展现在我们眼前，或许区块链将以一种全新的方式创造人类经济活动的高峰。

在比特币系统里，人人拥有平等的经济地位，而且可以随时加入或退出。只要满足基本的通信条件，哪怕只有一个可以上网的智能手机，无论多么巨大的资金量，都可以在 10 分钟内完成全球任意位置的转移。比特币系统实现的资源配置不仅仅指资金的资源配置，这里的资源远远超越货币的范畴。

货币承担的主要功能是价值流通，而比特币可以完美地承接这一功能。作为安全度高、全球通用、大小额度通吃的价值流通介质，比特币甚至可以满足人们任何形式的资金调度。

在经济共和的趋势下，越来越多基于区块链技术的创新应用被开发出来。下面，我们一起看一项关于“世界公民护照”的创新。该项创新曾经登上美国《连线》杂志，是由一个名为克里斯托·弗埃利斯（Christopher Ellis）的比特币狂热信徒开发的一款软件。该软件利用的是 PGP 加密软件和比特币区块链，可以创造出以精密数学为基础的身份证明文件，这种证明文件是无法被伪造的。

詹妮娜（Janina）是世界上第一个参与该创新的人，被人们称为“第一个持有加密护照的世界公民”。詹妮娜是一名 24 岁的管理专业的学生，作为第一个“吃螃蟹”的人，她表示自己非常幸运，并在当天录制了视频。自此，詹妮娜成为加密护照的“封面女郎”，同时也成为以区块链技术为基础建立经济共和的坚定倡导者。

克里斯托·弗埃利斯表示：“‘第一个加密护照持有人’希望由一个不参与开发的人员来完成，所以选择了詹妮娜。这项设计尤其适用于无国籍人士，如果能够推广开来，将为这部分人提供一个简便、有效的方式证明自己的身份。该‘护照’可以适用于互联网核查之类的情况，未来还有可能为政府提供一个很好的解决方式以省去目前政府集中管理的护照问题。”

借助区块链实现家庭自动化

除了互联网金融领域，区块链技术已在多个领域展开应用，并展现出大好前景，包括法律领域、资产领域、医疗保健领域、安保自动化领域及家庭自动化领域等。

第一，区块链技术在法律方面具有重要意义。例如，一些民事领域时常出现举证困难的情况，而区块链技术则可以记录下每个步骤，帮助司法机关认定具体责任人。

第二，资产相关领域可以使用区块链技术。无论是汽车、房产等实物资产，还是名誉、健康等无形资产，都能利用区块链技术完成登记、交易以及追踪。可以说，任何需要建立信任机制的生产生活领域都需要通过区块链解决信任难题。由于区块链可以记录下产品的每一步过程，很多大型公司将区块链技术视为一种简化、强化供应链的方法，例如，用区块链保证食物原产地。

第三，医疗保健领域可以通过区块链技术获得更多收益。在现实世界里，患者的私密信息都存储于医疗部门的中心化数据库或者文件柜里，而信息泄露情况时有发生，由医疗部门管理患者的私密信息已不再是最优选择。如今，飞利浦医疗保健集团等医疗机构正试图通过区块链技术实现对患者隐私信息的保密。

第四，区块链技术也可以用于安保自动化。安保自动化是指通过嵌入区块链的代码由来访者触发通行或者拒绝通行。因为不涉及第三方，所以无须找人保管钥匙。有一家叫 Slock 的公司就提供这种服务，业主设立了一个存款账户，给出租物业定出价格，用户只需要在区块链上进行交易支付，就能使用智能手机开关智能锁。在这种模式下，不需要第三方监管，只要用钱激活锁即可。这块市场不仅引起很多初创公司的重视，包括 IBM 在内的科技巨头也在紧盯这块市场。

第五，借助区块链实现家庭自动化。Edgelogic 是一家澳大利亚软件开发公司，致力于研发基于区块链技术实现家庭自动化的应用。区块链在家庭自动化应用中扮演着数字支付和物联网桥梁的角色。例如，当传感器检测到潮湿时就报告区块链，警告触发一系列指令，修理费就从保险公司转到了索赔账户，而这个人甚至不会察觉到曾经出过什么问题。

尽管很多行为听上去不可思议，但是区块链应用多数非常贴近实际。区块链技术显然已经超出了比特币等数字货币的范畴，就像所有的颠覆性技术一样，它的未来大家拭目以待。

第 2 章

价值交换：区块链价值存在的理论基础

区块链是互联网大环境下出现的效率更高的价值交换技术。人类社会的发展是一个不断优化价值交换方式、不断提升价值交换效率的过程。为提高价值交换的效率，在经济发展到一定阶段时，就会出现不同的媒介。从最开始的当铺、钱庄、票号，到现代化的银行，再到支付宝，都是人类社会为了提高价值交换效率而使用的工具。未来区块链技术将权力分散，也是为了提高效率，这种效率是目前其他工具无法企及的。

以价值交换为依托的人类货币进化史

自人类诞生以后，就出现了价值交换，货币的进化便是以价值交换为依托的。人类历史发生翻天覆地的变化，除了科技的巨大驱动以外，货币的发展也起了至关重要的作用。

在原始社会，人们与动物斗智斗勇，出现了最原始的价值交换方式——物物交换。在这种交易方式中出现了一系列令人头疼的问题，例如，一个人试图用自己饲养的一只母鸡换另一个人饲养的一头牛。

于是，人们厌倦了烦琐且费力的物物交换，产生了作为交易媒介的实物货币。实物货币诞生的时间是原始社会末期。一般来说，游牧民族以牲畜、兽皮类来实现货币职能，而农业民族以五谷、布帛、农具、陶器、珠玉等充当最早的实物货币。

然而，以上所说的充当货币的各种实物流通范围较小，而流通最为广泛的古代实物货币是贝壳。因为牛、羊、猪等牲畜充当实物货币不能分割，五谷的保质期较短，而珠玉又比较稀少，刀铲等农具较为笨重，因此最后的实物货币集中为贝壳。漂亮的贝壳可以用作颈饰，体积小，便于携带与计数，而且还非常坚固耐用，因此在长期商品价值交换中被选为主要货币。

春秋战国时期，随着商品经济发展，数量有限的贝壳已经不能满足人们在日常商品价值交换中的使用，于是出现了金属称量货币。而金属称量货币在流通中需要分割和鉴定成色，使用起来非常不方便，后来被金属铸币所取代。

政治的统一是以经济统一为基础的，秦统一六国后，秦始皇顺应历史发展趋势，在统一文字、度量衡的同时，也统一了货币。秦始皇规定以“黄金”为上币，以镒（相当于 20 两）为单位，以圆形方孔铜钱为下币，以半两为单位。钱文“半两”的实重为半两，这种圆形方孔的铜钱从此成为中国货币的主要形式，一直沿用 2 000 多年。

铜钱为什么采用圆形方孔的形制呢？主要原因是环形便于携带，方孔可以利用绳索将铜钱穿成串不易旋转，还可以防止磨损。

然而问题又来了，金属货币动辄数十公斤，搬运起来耗费时间和精力，于是纸币出现了。在货币史上，纸币的出现是一个重要转折点，也是人类历史上的一大进步。纸币出现在宋代具有必然性，因为它是社会政治经济发展的必然产物。

宋代的商品经济发展迅速，所以商品的交换更加频繁。频繁的商品交易活动就需要用到更多的货币，而当时铜钱短缺，已经远远不能满足流通中的使用量。当时的四川地区通行铁钱，铁钱量重值低，使用起来非常不方便。当时的 1 个铜钱相当于 10 个铁钱，1 000 个铁钱的重量为大钱 2.5 斤，小钱 6.5 斤。当时的人如果想要买一匹布，大概需要铁钱 2 万个，重量为 250 公斤，需要用车拉着去。

一方面，成都是宋代的经济重地，但是蜀汉通往外界的道路异常崎岖难行，李白说过：“蜀道难，难于上青天。”因此客观上需要轻便的货币，这就是纸币最早出现在四川的主要原因。另一方面，尽管北宋是一个高度集权的封建专制国家，但是没有统一的全国货币，而是由几个货币区各自为政，互不通用。

当时，各个货币区都严禁货币外流，纸币的出现正好可以防止铜铁钱外流。此外，宋朝政府与夏、辽、金的关系紧张，经常受到三个国家攻打，然后需要用到大量的军费和赔款开支，这也要求宋朝政府发行纸币来弥补财政赤字。种种原因促成了纸币的产生。

1717 年，英国政府建立了事实上的标准化金本位英镑，货币的标准化影响了全球各个国家，也是人类货币史上的重大进步，直接促进了工业革命的发展，使英国成为当时的世界霸主，人称“日不落帝国”。

2008 年，全球经济危机爆发，中本聪在网上发表《比特币：P2P 电子货币系统》论文，描述了比特币的模式，并搭建起比特币体系，我们曾在第一章第一节详细讲述了这一过程。之后莱特币、约克币等数字货币的相继出现标志着人类历史进入数字货币时代。

数字货币是货币进化史的一部分，是数字科技革命的结晶，其诞生具有必然性。回顾货币史，任何一种形式的货币从诞生到发展成熟，都会经历质疑乃至排斥。与传统货币一样，数字货币在发展过程中也在不断完善，以便适应社会生产力并为人类服务。当下，以网络为基础的数字货币受制于信用约束，并且只能在有限的范围应用。随着数字货币的不断创新及人们接受程度的提高，数字货币正在突破地域、民族、文化、信用等约束，在国际范围内推广使用。

毫无疑问，以比特币为典型的数字货币代表了货币未来的发展方向。数字货币也将会有更完美的针对主权货币的解决方案，而区块链将在这一过程中发挥重要作用。

由加密货币转为数字货币

在数字货币出现之前，就已经有了加密货币。事实上，加密货币的历史悠久，加密货币的历史，如图 2-1 所示。

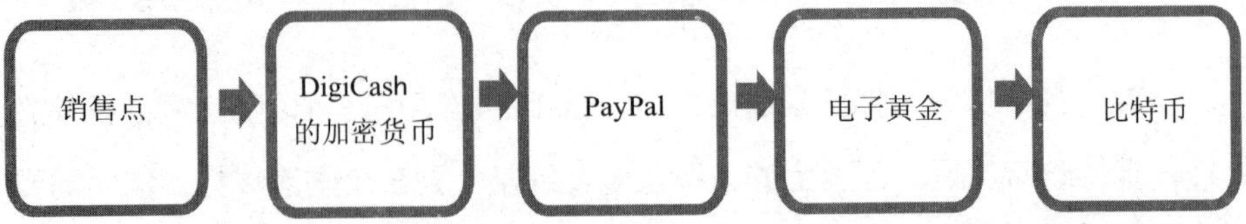

图 2-1　加密货币的历史

加密货币出现在 20 世纪 80 年代末，第一个对加密货币的尝试发生在荷兰。一个偏远地区的加油站在半夜被匪徒袭击，大量现金被抢。为了降低风险，员工都不愿意上夜班，但加油站必须保持夜间开放以便卡车可以加油。在这种情况下，有人开始想各种方法，并经过实验最终找到最好的点子——将钱存在智能卡中。

卡车司机用现金购买可以用于加油的卡，并直接在加油站消费，自此之后，加油站受到抢劫的风险大大降低。同时，主要零售商 Albert Heijn 联合银行开发了一种交易方式，允许消费者购物的时候直接从他们的银行卡中支付，最终被称为销售点（POS）。

大卫 · 乔姆（David Chaum）是美国的一个密码破译者，也是电子现金的忠实拥护者。他认为："为了做到贸易的安全性，我们需要一种可仿真硬币和纸币的代用货币。具体来说，因其具有隐私的特质，并可被安全地当面交易，这使得交易完全安全和私密。"

早在 1983 年，大卫 · 乔姆就在 RSA 算法（一种加密算法）的基础上，研究出一个炫目的公式，用于网络加密。它允许一个人发送一串数字给另一个人，而且这个数字可被接收方所修改。对加密货币的兴趣以及荷兰历史上对私密性狂热的态度促使大卫 · 乔姆迁移到荷兰。20 世纪 80 年代末期，荷兰成了密码学和数学研究的温床，而大卫 · 乔姆也创立了 DigiCash（电子货币），并继续构建依托互联网的加密货币的系统。

尽管大卫 · 乔姆的研究引起了媒体前所未有的关注，但不幸的是，大卫 · 乔姆和他的公司出现了一些失误，违反了荷兰中央银行的规定。作为妥协，大卫 · 乔姆不得不同意公司研发的产品只能卖给银行。这个调整给公司带来一个好的预期，使其试图通过多家银行，来创立一个可行的数字现金领域，但该公司最终在 1998 年破产。

在电子货币引起巨大轰动之后，越来越多的创业者试图在这个领域开创一番成就。20 世纪 90 年代，两个因素的影响使得全球注意力从欧洲转移到了北美：一是 Netscape（美国网景公司）的上市引起了大量风投机构的兴趣，而欧洲对数字现金开始了第一波监管；二是 1994 年欧盟对预付费卡的报告演变成了对电子货币的反对。

在这种形势下，第一波加密货币死亡。在第二波加密货币还没有诞生之前，第一波加密货币就立即被 PayPal（国际贸易支付工具）所取代。

加密货币与 PayPal 的区别是什么呢？第一波加密货币要求你必须是个商人，必须要坚决拥护钱，因此受到了银行和监管机构的限制，而人们大多不习惯这种限制。PayPal 允许钱在人和人之间相互交换，并发展出一个网络变体：网络黄金。人们将其称为“电子黄金”。

电子黄金的操作非常简单：你提供实物的黄金或白银，它会在你的账户中创建电子黄金。或者你用资金购买新的电子黄金，而它会用你的资金买入并持有实物黄金。这种模式为公司带来了大量客户。电子黄金是离岸发行，并不需要美国的在岸审批，这使得它在一段时间里在美国的黄金市场中占据了大量的份额，而且不断增长的全球网络交易者都用它做网络支付。它的受欢迎程度在不断增加，这个独立的外汇交换市场在 2000 年大量爆发，它的未来似乎是很齐全的。

电子黄金的火爆引起了美国联邦政府的注意，在 2005 年，发行电子黄金的公司被突袭，电子黄金结束了作为一种有效力量的货币时代。除此之外，联邦政府还关闭了相关兑换公司。

2011 年发生于美国本土的“9 · 11 事件”标志着一个巨大的转变。在此之前，美国政府对于加密货币的态度相当开放，将它们视为潜在的业务和对未来的创新。“9 · 11 事件”之后，视角发生了明显的转变。所有的加密货币都被视为恐怖分子和毒贩子的温床，因此有效和完全的控制加密货币成为目标。与此同时，欧洲发生的一切都证明“关闭加密货币”的做法是成功的。美国制定的一代又一代的加密货币法律规定了开放的领域，但欧洲人从来没有真正理解什么是创新。

综上所述，在比特币诞生之前，加密货币的发展过程是离奇而曲折的。而所有具有跨时代意义的事物诞生之前，都难以避免成功和失误的交替出现。历史不仅仅在嗡嗡作响和押韵，它还在大声地歌唱。

虚拟货币市场为什么如此火爆

虚拟货币是指互联网上非真实的货币，包括百度公司的百度币，腾讯公司的 Q 币、Q 点，盛大公司的点券，新浪推出的微币；近两年来流行的比特币、莱特币、福源币、狗狗币等数字货币。虚拟货币大致可以分为 3 类，如图 2-2 所示。

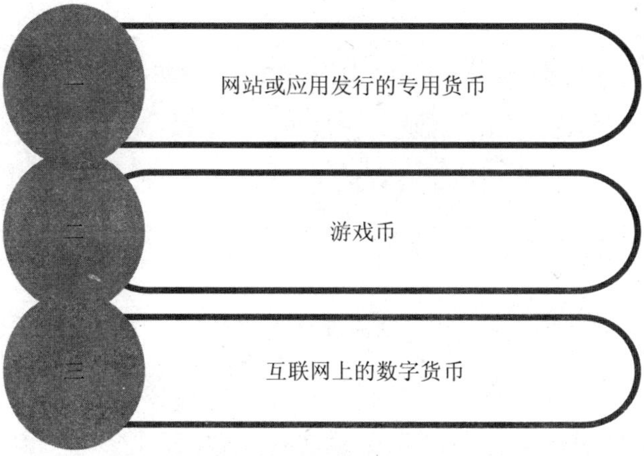

图 2-2　网络虚拟货币的 3 种类型

第一类是网站或应用发行的专用货币，例如，腾讯公司的 Q 币可以用来购买 QQ 会员资格，QQ 秀等增值服务，使用比较广泛。与 Q 币类似的由即时通信工具服务商或门户网站发行的用来购买站内服务的货币都属于这一类。

第二类是游戏币。每一个游戏应用都有自己专属的游戏币，只能在自身的游戏系统里使用。单机游戏时代，用户靠打倒敌人、进赌馆赢钱等方式积累货币，然后用这些货币购买草药和装备，但只能在自己的游戏机里使用。那时，玩家之间没有沟通与交易。自从互联网建立起门户和社区、实现游戏联网以来，游戏币便有了“金融市场”，玩家之间可以交易游戏币。

第三类是互联网上的数字货币，比特币、莱特币、福源币等都属于这种类型的虚拟货币。数字货币主要用于互联网金融投资，也可以作为新式货币用于生活中某些场景。

如今，社会生活中的各个层面都开始涉及虚拟货币。也因为如此，互联网就需要一种新型产品满足虚拟货币发展的需要。虽然现在还没有这样的新型产品出现，但虚拟货币的流行将是水到渠成、不可阻挡的。美国著名经济学家林顿·拉鲁什（Lyndon · LaRouche）曾经预言：“从 2050 年开始，网络的虚拟货币将在某种程度上得到官方承认，成为可以流动的通行货币。”

文章开头列举的百度、腾讯、盛大、新浪、网易等公司都有自己的网络货币，但都只能在各家领域内使用。这些公司推出虚拟货币是为了让自己的产品和服务销售得更加便利，可以让用户一次性购买虚拟货币，然后再利用虚拟货币进行各种消费，非常方便。

不管从公司规模与信用，还是从流通范围来说，腾讯、网易等大公司得到了大多数互联网用户的认可。长期从事虚拟货币交易生意的杨经理称：“当初出现货币，是人们为了能方便进行交换，逐渐约定俗成的，如果在虚拟的世界中，有足够多的人认可某种‘货币’的价值，该货币就完全可能成为物质交换的替代单位。”

作为 BAT 巨头之一，百度早已看到虚拟货币的商机，并准备大肆进行发展。与盛大合作、与中国工商银行、贝宝结盟，这些都是为百度币的推广而做的铺垫。百度公司业务发展部总监任旭阳介绍说：“中国现在的虚拟货币市场，很大程度上类似中国古代钱庄的时代，每家的钱票都仅限于在该家使用，各家之间存在着一定的进入壁垒。因此，能够提供更多服务的虚拟货币，就正如流通性更广的一般等价物，能够赢得更多的用户群。我们打破了所有支付工具的障碍，将能够转化为百度币的支付手段基本都聚拢到百度的旗下。”

百度之所以能够有建立虚拟货币“央行”的雄心，是因为其具备两个基础：第一个基础是百度拥有庞大的用户群；第二个基础是百度具备与各大支付公司合作的能力。

截至目前，百度在民营银行、移动支付、消费金融及证券方面的布局都一步一个脚印，与之签订合作协议的几十家公司囊括了 4 类不同的开发支付功能公司。第一类是网络银行，包括招商银行和工商银行等；第二类是电信运营商，包括中国电信和中国网通等；第三类是第三方在线支付公司，包括银联、网银在线、支付宝等；第四类是可供交换的其他虚拟货币发行网站，包括盛大、网易等。有了这 4 类公司的支撑，百度打通了从真实货币和其他虚拟货币兑换成百度币的通道，让百度币在网上流通成为可能。

虚拟货币市场的广阔前景引来了众多参与者。早在百度还没有行动之前，前卓越网总裁陈年就已经先下手为强，搭建了一个和虚拟货币息息相关的平台——我有网。我有网是一个 B2C 模式的虚拟财富交易平台。为此，陈年在自己的平台上制作出非常完整的虚拟货币对人民币的“汇率表”，把人民币当作参照物，换算出各种游戏币的实际价值。

另外，美国的 IGE 公司也非常看好中国虚拟货币交易市场，在收购 Mmosh 虚拟货币销售公司之后，紧接着就完成了在中国区的服务器整合。截至 2016 年，IGE 公司涉及的网络游戏超过 60 款，与当年游戏运营商坐地收钱财源滚滚一样，这个公司目前每个月都有一两亿美元的销售额，其毛利率可达 20% ~ 50%。

在一个虚拟的网游世界里，每天的参与用户超过几百万人，并且用户之间无时无刻不进行着生产、交换活动。因此，每个游戏就相当于一个小“国家”，而这个“国家”有着自己的政治体制、经济体制以及人文关系。因此，即便是虚拟“国家”，其中的经济规律与现实世界里的经济规律依然有着紧密的联系。

以“魔兽世界”为例，九城就是一个“中央政府”。九城具有制定经济体制的权力，并发行一定的“货币”。玩家可以通过打怪获得金币和装备。虚拟王国政府制定的经济制度，一方面是为了增加互动，方便玩家之间交换物品；另一方面，则是为了防止过早出现通货膨胀。

价值永远不会投机，而货币会

投机与投资是股市中的两个概念。什么是投机？简单来说就是“买的目的是为了卖”。什么是投资？也是简单的一句话“买的目的是为了拥有”。俗话说“态度决定方法”，在股票市场里，持有两种不同态度的人在买卖股票时所用的方法就不同。一般情况下，我们认为投机是带有贬义，而投资是带有褒义的。

一般的股民们都知道价值投资的概念，而没有听说过价值投机，这是因为价值永远不会投机。以万科集团为例，自 1991 年上市到现在，万科的股价上涨已经超过上百倍。众所周知，近 10 年来，房地产市场蒸蒸日上。万科集团作为房地产企业的领头羊，业绩始终保持增长，而这种增长也势必会反映在股票价格上。

就算市场环境非常好，但如果没有公司良好的业绩支撑，股票不会轻易上涨。而行业景气度高、自身业绩良好的公司就算处于大盘下跌通道，它的前途也是一片光明的。价值投资力量由此显现。众多投资大师的成功经验表明，以价值为驱动可以获得良好的成效，价值投资可以保证长期稳定收益。股价一般都是围绕公司价值波动而波动的，如果不研究公司价值，就不清楚股价波动的原因。

很多投资人一提到价值投资，就会提到“长期持有”的概念。价值投资一般都是长期持有的，但是长期持有股票不一定是价值投资。价值投资的核心是买入价值被低估的股票，投资周期则随估值的变化而定。

英国著名的基金经理和投资人安东尼·波顿 (Anthony Bolton) 被业界奉为“欧洲的彼得·林奇”。他曾经在富达国际有限公司长期担任董事总经理兼高级投资经理的职位，他管理的“ 富达特殊状态基金”（FidelitySpecial Situations fund）在近 30 年里达到 20.3% 的高复合增长率，比同行以及同时期英国基准股指 7.7% 的增长率高出很多。

波顿一直推崇“反向操作”的投资理念，从来不会盲目追踪热点股，而是将自己全部的精力用于寻找那些正处于“特殊状态”的公司。波顿认为，“‘特殊状态’公司就是那些价格相对于资产、股利或者未来每股收益而言具有吸引力，还具备其他特色、有可能对股价产生正面影响的公司”。

与此相反，货币是投机的典型代表，最著名的有英镑和日元，从下面图 2-3 所示的 2016 年 6 月 13 日英镑 / 美元 60 分钟走势图可以看出一二。巧合的是英国和日本两个国家都处在欧亚大陆两边，而且都是岛国。

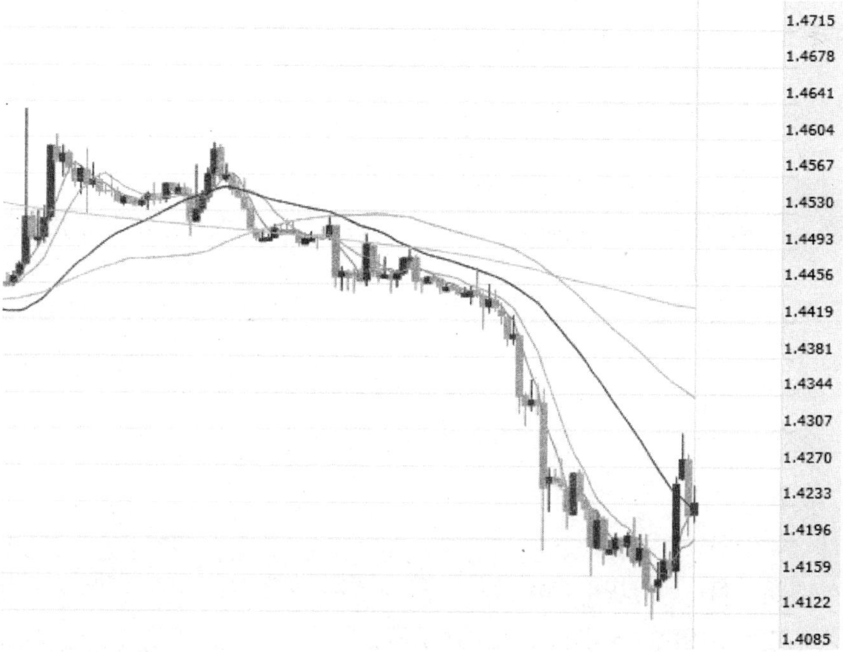

图 2-3　2016 年 6 月 13 日英镑 / 美元 60 分钟走势图

英镑是当下最值钱的货币，而且曾经作为世界货币，主宰全球流通。由于英镑对美元的汇率最高，而且交易量远远低于欧元，所以体现为较大的波动性。另外，伦敦还是最早的外汇交易中心，其交易员的经验和技巧都是顶尖的，所以能在很大程度上控制英镑的走势。人为因素制造了大量的短线波动，那些缺乏经验的货币投机者往往容易深陷其中。因而，英镑成为一种投机货币，吸引了大量投机者进行短线操作。

日元成为投机货币的原因与英镑有很大不同。众所周知，日本国内市场非常小，是出口导向型经济。近年来，日本国内经济衰退，其国内经济增长主要依赖出口。因此，经济性地干预汇市，使日元汇率不至于过强，保持出口产品竞争力成为日本习惯的外汇策略。日本央行是世界上最经常干预汇率的央行，且日本外汇储备丰富，干预汇市的能力较强。因此，对于货币投机者来说，一定要关注日本央行。

口头干预和直接入市是日本政府干预汇市的两大手段，因此，日本政府财政官员的言论总是能够使日元发生短线波动，货币投机者应当重点关注。

美国经济学家、货币学派的代表人物米尔顿·弗里德曼（Milton Friedman）曾设想：“用一个自动化系统取代中央银行，以稳定速度增加货币供应量，消除通货膨胀。”比特币似乎完美地回应了他的设计，使他的梦想成真。

在国外，全球成千上万商家愿意接受比特币支付，从纽约市梅泽烧烤店到电子商务平台 Shopify，最近连塞浦路斯一所大学也接受比特币支付学费。

与英镑、日元不同，比特币并不是投机品。比特币本身是颠覆现有的金融秩序的，很难与现存的哪种资产相提并论。

从表面上看，比特币的价格会随着资金的投入而变化。当比特币吸入的资金变少，比特币市场供大于求，那么比特币就会跌价。反之，如果资金持续投入，而每天新增的比特币供给有限，那么比特币就会涨价。

一些投机者为了套利而进入比特币市场，这种短期进入的资金最终并不会支撑比特币的价格。投机市场理论是一个零和游戏，即高抛低吸的成功者需要低抛高吸的失败者供养。而比特币的货币属性使得比特币不是一个零和游戏，因为比特币可以直接在市场中花费。用户可以在比特币交易平台买入比特币后，直接在商品市场中使用掉。而在市场中，人们需要越来越多的比特币来流通，而使其部分替代人民币。

在这种情况下，虽然比特币的应用范围越来越广，但在交易所中进行投机交易的比特币却越来越少，最终比特币的价格自然会持续上涨了。

纸币的价值根本在于储蓄。如果没有人愿意持有纸币，纸币就失去了意义。货币本身是价值的存储手段，即在交易与交易之间，保存相应的价值。可以说，比特币的长期价值取决于“长期”本身。比特币将会满足人们的储蓄保值的需求，其价值与用户愿意储蓄保值的资金有直接关系。例如，如果有 100 万人相信比特币是最好的储蓄手段，而平均每人愿意通过比特币持留大约相当于 10 万元的价值，那么比特币就需要至少 1000 亿元的总市值。

比特币的价值原理与黄金相似，尽管市场中很少使用黄金作为流通货币，但其市值仍然很高，这不只是因为它能够被制成饰品或金属元件，还因为人们看重黄金的保值功能，因此愿意买入并持有它。事实上，这一过程是循环的。因为黄金有保值功能，所以人们愿意保存它。也正是因为人们愿意购买并保存它，因此黄金有了保值功能。当然，这也有赖于黄金总量稳定的特性，就像比特币总量有限一样，而无限滥发的纸币则没有相同的保值功能。

游戏币、Q 币为什么与区块链、比特币不一样

我们在第一章已经初步了解了区块链、比特币的由来，知道比特币是一种 P2P 形式的数字货币。比特币没有货币发行机构，而是由特定算法通过大量的计

算产生，通过区块链保证其交易的安全性。比特币无法通过大量制造来人为操控币值。基于密码学的设计可以使比特币只能被真实的拥有者转移或支付，这同样确保了货币所有权与流通交易的匿名性。本节大家一起来探讨比特币与其他虚拟货币、与现金、与电子货币的区别。

1. 比特币与 Q 币、游戏币

比特币与其他虚拟货币最大的不同是其总数量非常有限，具有极强的稀缺性。腾讯公司的游戏币、Q 币与比特币同为虚拟货币，但有本质不同。我们先一起看腾讯 Q 币的诞生过程。

作为一个网络大王国，腾讯理所应当拥有属于它的“货币”，所以 Q 币自然而然就诞生了。对腾讯这个互联网巨头公司来说，制造虚拟货币并让广大群众接受它是一件比较容易的事情。

首先腾讯针对非主流的互联网用户开发了 QQ 秀，成为人们接受 Q 币的一个开端。最初，QQ 秀上的每一位用户都是穿着内衣内裤，没有形象可言，这就使得很多人想要将自己的 QQ 秀形象打扮得漂亮一些。当有朋友的 QQ 秀变得非常漂亮的时候，这种欲望变得更加强烈。腾讯精准地抓住了用户的攀比心理，用 QQ 秀打响了 Q 币的头炮。

在 QQ 秀之后，腾讯认准了网游市场的前瞻性，相继推出了英雄联盟、穿越火线、地下城与勇士和剑灵等震动网游市场的游戏产品。而作为腾讯旗下网游的通行货币，Q 币可以购买任意一款腾讯游戏内的道具，这对于 Q 币的推广起到重大作用。自此之后，Q 币成为腾讯王国的流通货币。有人甚至调侃说：“世上最大的坚持就是用了 10 年 QQ 而不买一个 Q 币。”

既然比特币和 Q 币都是人为制造的虚拟货币，那它们究竟有什么不同呢? Q 币具有发行方，其价格十分稳定，在淘宝上，一个 Q 币大概等于 0.9 ~ 1 元人民币，不会受市场干扰而产生波动。由于用户不能使用 Q 币进行交易，只能通过用钱去购买的方式获取，所以 Q 币不会用于炒卖。一般情况下，Q 币可用于在腾讯旗下应用里开通业务、购买虚拟商品，不能套现。

相比之下，比特币没有发行方，任何一个人都可以通过电脑生产比特币。比特币可以兑换成大多数国家的货币，可以用来套现，是更高一级的虚拟货币。只要有人接受，你可以使用比特币购买网络上的一些虚拟物品以及现实生活当中的任何物品。

2. 比特币与现金

很多人都认为比特币与现金是对立的。货币是指从商品中分离出来固定充当一般等价物的商品。我们在本章第一节详细讲述了货币的进化史。历史上不同地区曾有过不同的商品交换充当过货币，后来货币商品逐渐过渡为金银等贵金属。随着商品生产的发展和交换的扩大，商品货币的供应越来越不能满足对货币日益增长的需求，又逐渐出现了代用货币、信用货币，以弥补流通手段的不足。

中国现代社会上流通的货币叫人民币，大家称其为现金。比特币是虚拟的，而现金是国家公开承认的实物等价物，这是两者最大的区别。进入到 20 世纪之后，金银慢慢地退出货币舞台，不兑现纸币和银行支票成为各国主要的流通手段和支付手续。在中国，人民币是中国人民银行在内地发行的唯一法定货币。中国人民银行是管理国家货币与汇率的机关单位，负责货币的设计、印制和发行。《中华人民共和国中国人民银行法》第三章第十六条及第十七条规定：“中华人民共和国的法定货币是人民币。”

美国《大西洋月刊》曾刊文表示比特币是一支技术股，前途有待考证：“比特币有可能是泡沫，有可能是未来，但有一样东西它不会是：货币。”

3. 比特币与电子货币

电子货币指的是用一定金额的现金或存款从发行者处兑换并获得代表相同金

额的数据，通过使用某些电子化方法将该数据直接转移给支付对象，从而进行消费或者债务偿还。电子货币的实质是观念化的货币信息，它实际上是由一组含有用户的身份、密码、金额、使用范围等内容的数据构成的特殊信息，因此也可以称其为数字货币。

人们使用电子货币交易的时候，实际上是一种相关信息交换。这些信息传输到开设这种业务的商家后，交易双方进行结算。这种方式要比现实生活中的现金交易更方便、快捷。

比特币是电子货币的一种，它是人为设计的，不需要现实社会的中央银行或者第三方机构发行，也不需要借由特定网络进行清算。比特币的数量增长稳定并且总量有限，没有任何一个机构可以控制这一货币的发行，所以也没有滥发导致通货膨胀的忧虑。随着获取难度的不断增加，比特币的价值也随之一路飙升。

价值主导世界，未来必定属于虚拟货币

在人类几千年的发展历史中，人们使用过很多东西充当货币，包括贝壳、金、银、铜、铁等。如今，人们使用纸币作为货币，更多的人称为“金钱”。金钱方便了人类的生活，同时也把人类带入歧途。很多人对金钱的盲目追求到达了疯狂与贪婪的地步，社会以资本为主体，价值以金钱为衡量标准，情感以金钱为基础……当人类生存的意义被金钱所主导，货币就已经失去了它原有的意义，就像一把无形的枷锁将人类圈禁在一个金钱的牢笼里。

战争、抢劫、杀人、赌博、拐卖妇女儿童、出卖肉体甚至灵魂……货币已经不再是一种方便人类的工具，而成了一个魔咒，把人类引向了一个疯狂的世界。极度的贪婪最终会导致社会经济的全面萎缩与瘫痪。例如，金融危机就是人类走向金钱歧途的一个小小的初期表现。

我们设想一个世界：不能买卖也无法遗传的虚拟货币主导未来社会。每一个

人出生的时候都有相同的虚拟货币，每天正常的学习、工作都能得到相同的虚拟货币，虚拟货币的获得取决于对社会的贡献。当然，虚拟货币可以用来购买自己所需的任何物品。领导以虚拟货币值的高低来决定，死后虚拟货币值随身份证一起消失……

虚拟货币代替金钱之后的世界，人类生活的方向和价值观都将发生巨大变化，抢劫、赌博、欺骗等都不复存在，杀人、放火以及各种现代社会中的矛盾将变得毫无意义。在这个崭新的世界中，人类的平等、公平会得到最好的体现。假如，人类在未来世界依然不能走出金钱打造的牢笼，不能走向一条人类生存的正轨，人类最终将自我毁灭。

货币是商品生产和交换的产物，其形态随商品贸易发展而变化。在从具体到抽象、从实体到观念形态的演变过程中，货币都在试图将一种价值符号寄身于纸币、信用卡、电子终端设备中，不断向着社会化、虚拟化的方向发展。

自 20 世纪以来，互联网技术、电子科学的飞速发展推动了第三次科技革命。经济主体开始寻求更具有快捷性的交易媒介，于是新型的电子货币产生了。网络技术的发展使世界进入网络商务时代，虚拟网络经济产业的繁荣催生了虚拟货币。由于虚拟货币满足了经济主体对交易媒介低成本、低风险、虚拟性、快捷性等需求，因此广泛流行开来。

虚拟货币诞生于互联网，并在网络社会中充当一般等价物的部分功能。虚拟货币与生俱来的无国界性使其在全球范围内比传统货币更具流动性。虚拟货币代表了未来货币存在形式的发展方向。

凭借着众多优势，虚拟货币逐渐受到各国人们的欢迎也就可以理解了。目前全世界发行有上百种虚拟货币，不仅能用于真实的商品消费和服务交易，还能投资增值获利，货币数字化将是人类社会发展的必然趋势。

2013年8月，德国承认数字货币的合法性；

2013年9月，以色列承认数字货币的合法性；

2013年10月，以色列央行行长表示数字货币是必然趋势；

2013年11月，加拿大承认数字货币的合法性；

2013年12月，法国承认数字货币的合法性；

2013年12月，韩国承认数字货币的合法性并免纳税；

2013年12月，波兰承认数字货币的合法性并纳税；

2014年1月，新加坡承认数字货币的合法性并纳税；

2014年1月，意大利承认数字货币的合法性并开始监管；

2014年2月，澳大利亚承认数字货币的合法性并纳税；

2014年2月，乌克兰承认数字货币的合法性并监管；

2014年3月，英国承认数字货币的合法性并减免纳税；

2014年3月，日本承认数字货币的合法性并监管纳税；

2014年3月，苏格兰承认数字货币的合法性；

2014年3月，印尼承认数字货币的合法性并支持交易；

2014年3月，丹麦承认数字货币的合法性的免纳税；

2014年5月，法国成立数字货币之家；

2014年5月，波兰财政部承认数字货币可以作为一种金融工具；

2014 年 11 月，美国加州成立全球首家加密数字资产研究所；

2016 年 1 月，中国人民银行宣布探索虚拟货币。

越来越多的国家在持续地接触、认可并接受数字货币，这一数据仍在不断更新中。你看懂虚拟货币的巨大商机了吗？通过以上数据分析，我们总结了虚拟货币产业的三个发展阶段，如图 2-4 所示。

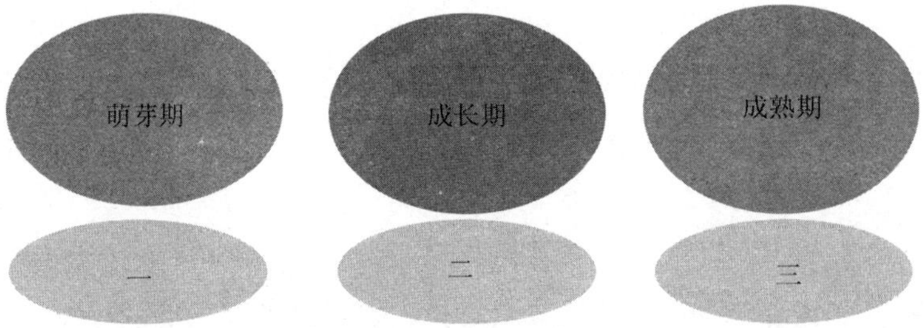

图 2-4　虚拟货币产业的三个发展阶段

第一个发展阶段是萌芽期，时间为 2009 年到 2013 年。第一个 5 年的萌芽期主要解决了虚拟货币生产相关问题，典型代表就是区块链比特币挖矿产业的繁荣。

第二个发展阶段是成长期，时间为 2014 年到 2018 年这 5 年。这一时期的标志性事件就是交易所的诞生。交易所完成了虚拟货币和法币的自由兑换，虚拟货币应用将从这个阶段开始爆炸式生长。

第三个发展阶段是成熟期。虚拟货币支付技术成熟之后，世界会变成什么样子，大家可以想象一下。当然，虚拟货币走向成熟的路应该还要很长。

区块链股权众筹为什么很合理

2016 年比特币共识大会（Consensus 2016）于 2016 年 5 月 2 日在美国

纽约隆重召开。在会议上，美国特拉华州州长杰克·马克尔（Jack Markell）提倡用区块链登记公司股权。对于证券数字化来说，政府主导推广使用区块链技术成为一个标志性的里程碑事件。会议上，杰克·马克尔宣布将会制定相应的企业法规来保障特拉华州区块链股权的发行。另外，杰克·马克尔还声称已经和技术方 Symbiot 团队展开合作，共同开发“特拉华州区块链”，预计在未来两年内会修得正果，而 Symbiot 团队也将移师特拉华。

在政府倡导“大众创业，万众创新”的背景下，股权众筹为创业者和投资人提供了更多的机会和可能。而利用区块链技术进行股权众筹将会打开人们在众筹时代的新视野。下面，我们将结合区块链技术在股权众筹业务系统方面的应用，探讨区块链在股权众筹领域的应用。

股权众筹领域如果能够应用区块链技术，将会获得两方面的优势：一是众筹平台之间投资人和项目可以共享，促进股权流通和资源共享，使得股权转让和登记更加便捷；二是记录不能篡改、伪造和删除，使得信息对投融资方更加对称，交易更加公开透明和真实可信。下面我们从 5 个方面看区块链技术在股权众筹领域的应用，如图 2-5 所示。

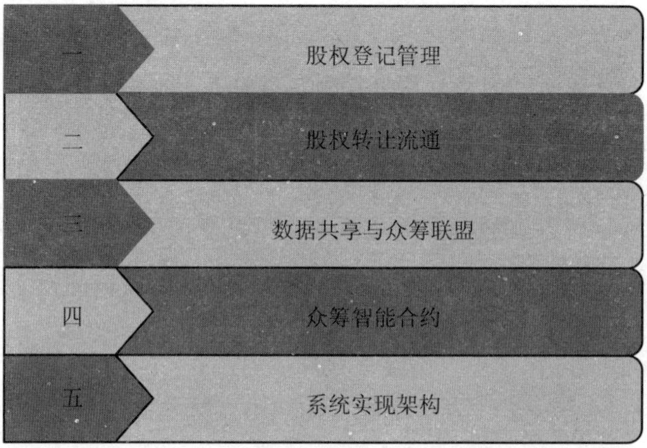

图 2-5　区块链技术在股权众筹领域应用的 5 个方面

1. 股权登记管理

在证券交易市场，股权登记极为关键，如果这一环节出现错误，就无法保证交易的安全性，在股权众筹领域也是如此。一方面，登记是股权交易的关键环节，记录股权所有者的转移。另一方面，登记发挥着向社会展示当事人股权的公示作用，让潜在的交易主体了解特定的权属状态，通过登记权利正确性推定效力维护交易安全。区块链独特的身份账户体系，记录的股权可以作为股权登记的电子凭证。

对于非上市股权管理来说，人工处理纸质股权凭证、期权发放和可换票据是一项重大工程。如果出现频繁的股权变更，股东名册的维护将变得烦琐，历史交易的维护和跟踪也变得困难。区块链技术的加入将会对这一切进行数字化管理，使其变得更加高效和安全。利用区块链技术进行众筹股权登记，记录公司股权及其变更历史，将充分发挥区块链技术的安全透明、不可篡改、易于跟踪等优势。

2. 股权转让流通

对于股权众筹来说，股权流通是非常重要的中心业务。这一业务做得好能够激发用户的活跃度，引发越来越多的登记发行。传统的 OTC 场外股权交易基于交易双方的信用由交易双方自行承担信用风险，交易之前还需要建立双边授信。在这一过程中，交易平台集中承担了市场交易者的信用风险。

区块链技术的运用将会降低股权流通交易的信用风险。股权的所有权登记在区块链中，所有者需要通过私钥签名对交易进行验证通过。一旦交易确认，股权由 B 到 A 的变更就会记录在区块链中，不可更改，在最大程度上保障了交易双方的利益。区块链股权转让模式如图 2–6 所示。

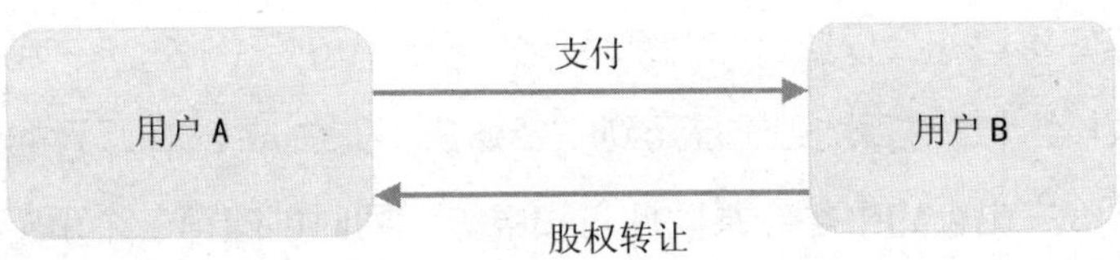

图 2-6　区块链股权转让模式

3. 数据共享与众筹联盟

股权众筹类交易市场活动是由很多个各自独立经营的公司分别进行的，而不是由一个或少数几个统一的机构来组织，因此这些股权众筹类交易活动分散于各家平台。众筹联盟是一种联合的分布式交易中心，需要将这些零散的用户和交易汇聚起来。

成功组建一个众筹联盟首先要解决信任问题。而区块链天然自带的去中心化特性非常适合联盟与协作。区块链技术构建的信任不以人的意志为转移，在彼此不需要相互信任的前提下，也能保障系统和业务正常运行。每个众筹平台都成为区块链中的一个节点，拥有各自的公钥和私钥（一对加密算法），共同参与交易验证和记账。另外，除了众筹平台，监管机构也可以成为其中的一个节点，使监管变得更加透明、便捷。

一个股权众筹联盟的组建是以数据共享为基础的，包括用户、项目及所有权数据。在传统的系统搭建方式中，共享是非常复杂的，因为每个平台都各自拥有独立的数据库。通过区块链技术构建信任基础，能实现高效的数据共享，将各个平台的用户、众筹项目、股权凭证等映射到区块链网络中。

4. 众筹智能合约

在每一个股权众筹项目发起初期，发起人、领投人、众筹平台以及保荐人等多方需要共同签署一份众筹合约，来约定各自的责任与义务。加入区块链技术之后，众筹合约可以变成智能合约的形式存入区块链中，由区块链确保合约履行无法被篡改。

区块链底层首先会根据合约的条件产生第一个事务（TX1）：创建一个联名账户，从领投人账户打款 300 万元到联名账户，并生成 200 万元的借条供投资人购买，该账户由合约中各方共同拥有和维护。同时创建第二个事务（TX2）：在规定时间内，如 200 万元借条销售完，则从联名账户打款 500 万元到发起人账户中。最后创建第三个事务（TX3）：如众筹失败，跟踪联名账户的交易记录，全额退款。3 个事务在同一时间写入区块链，由区块链底层自动执行。

5. 系统实现架构

区块链股权众筹平台的结构一般分为 3 层，如图 2-7 所示。最上层为各个众筹平台面向客户提供的业务；中间层为业务逻辑与区块链结合，共同建立账户中心、股权登记、股权凭证、股权交易、股权管理等功能；最底层为区块链网络，由它构建起一个去中心化信任的分布式总账。

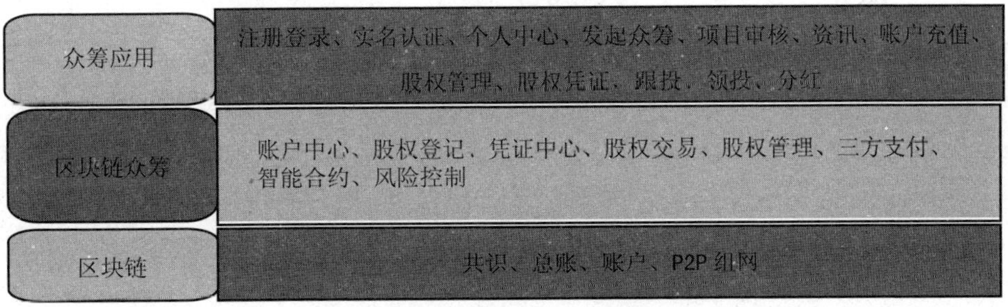

图 2-7　区块链股权众筹系统架构

第 3 章

区块链去中心化，交易不需要第三方

区块链是一套去中心化的、分布式的、能防篡改的系统，这种机制可以直接促成个体之间的信任。从区块链的本质来说，区块链提供了一种分布式手段来担保和核实交易，从而为最终甩开中间第三方提供了机会。

节省数百亿元交易成本的新模式

在现实生活中，人们进行交易支付必须借助银行、第三方支付等金融中介，这就产生了高昂的交易成本。而区块链由全网参与者共同管理维护，成本极低，因此利用区块链比特币进行交易将会节省数百亿的交易成本。例如，购买苹果公司的股票一般需要一段时间来完成托管、清算、交收等步骤，而区块链所有步骤都可以在几秒内完成。使用区块链交易不仅能节省数十亿美元，还能保证安全。

区块链在支付交易方面表现出的潜力引起了包括纳斯达克巴克莱银行在内的大型金融机构的关注，他们都在积极研发区块链技术，用于支付交易、清算投票等领域。尽管区块链技术还处于早期，但可以肯定区块链技术的出现将给现代金融格局带来深刻的变革。下面我们来简单介绍一下区块链在数字支付中应用的流程，图 3–1 所示为传统的交易支付流程。

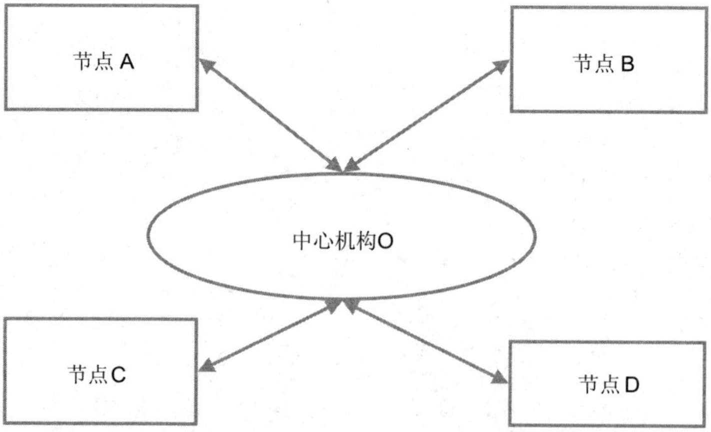

图 3-1　传统的交易支付流程

在传统的交易支付流程中，存在一个中心机构O，所有的节点要参与交易必须通过中心机构O来达成交易。这里的中心机构O扮演维护者的身份，即维护交易账目正常达成交易且真实可靠，也扮演特权参与者的身份，即发行货币资产的权利。

在图3-2所示的区块链数字支付流程中，节点A直接将交易发给节点D，所有节点一起确认并且验证交易的真实性，更新公共总账以后，所有人再同步最新的总账。在这里，维护者的身份下放至每一个参与者手中，并且通过加密算法来保证交易真实可信。区块链无须对账，大家只需要维护一条总账就可以，这条总账就相当于每个人都可以看到的公共账簿。

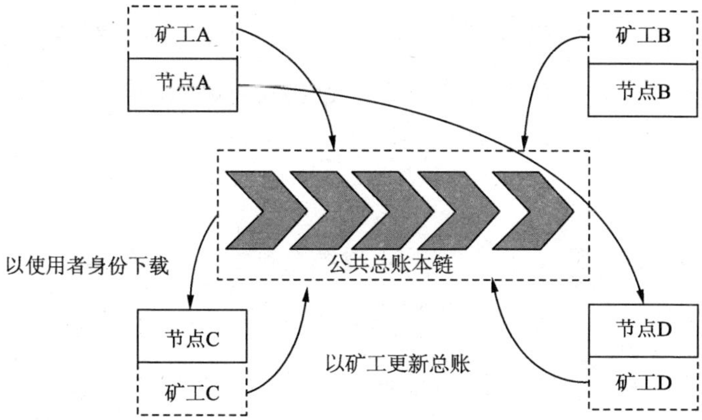

图3-2　区块链在数字支付中应用的流程

比特币交易是区块链在数字支付中的第一次应用。有人甚至将比特币实物都给做出来了，而且第一例黄金比特币实物就出现在中国。巴比特中文社区的一名作者表示，他正在为一个朋友用纯金铸造比特币实物金币。虽然比特币实物只是用作个人收藏，但这也表明很多人已经开始接受这种虚拟货币。比特币在现实生活中的交易案例，如图3-3所示。

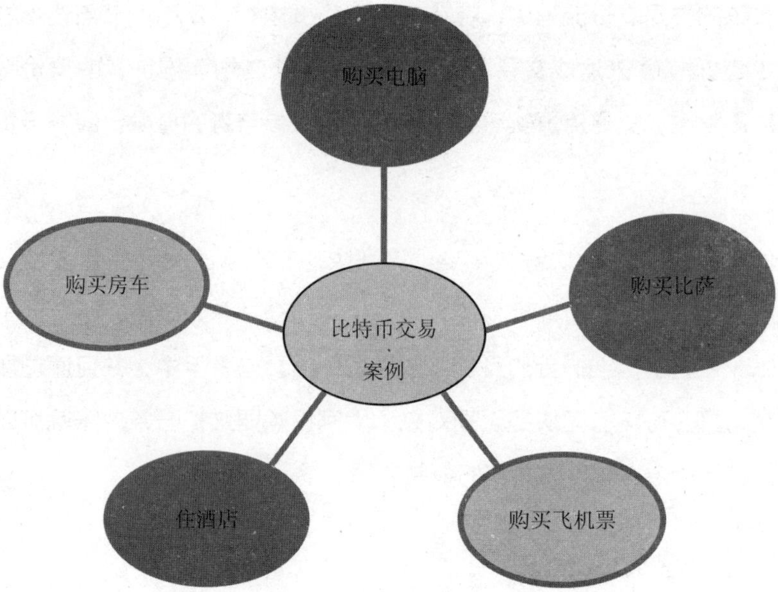

图 3-3 比特币在现实生活中的交易案例

1. 购买电脑

戴尔公司在 2014 年 7 月 18 日向顾客宣布可以在戴尔网站上使用比特币进行支付交易。购买过程与一般网购类似，只是用户付款的时候，页面会将其带到合作方 Coinbase 的页面上完成购买，并且获得 10% 的优惠。在戴尔网站上，可以用比特币购买任何你喜欢的戴尔商品。截至 2016 年，这一功能还只限于美国消费者以及一些小企业，在未来将会向国际市场推广。

苹果公司对于比特币的态度发生过几次转变。他们曾经下架了苹果商店里所有的比特币交易应用，后来又重新上线。而且，现在你可以通过比特币在苹果商店进行某些应用的购买。

2. 购买比萨

PizzaforCoins 是一家专门用做比特币购买比萨交易的创业公司。在 PizzaforCoins 网站首页上有详细的“购物指南”，与一般网上订餐的流程相似，用户直接点击“现在就订餐”就能进入下一个页面。当前，网站的使用仅限于美国、英国、澳大利亚，加拿大地区正在开发中。你只需要选择你的国家，就可以看到当地与这家公司合作的比萨品牌。例如，选择美国，就会出现达美乐比萨、必胜客和棒约翰 3 家比萨品牌。用户选择自己喜欢的一家，就可以开始点餐了。

必胜客一个大份鸡翅的价格为 0.06 个比特币，按照 2016 年 6 月 1 日一个比特币价值 550 美元的市值计算，也就是 33 美元。然而，你只需要用比特币支付就可以了。随着 PizzaforCoins 的火爆，很多餐厅都开始支持用比特币付款。例如，网站 Bitcoin Restaurants 与 PizzaforCoins 类似，支持用比特币进行线上订餐，而且还将业务扩展到了餐厅。网站 Bitcoin Restaurants 的合作餐厅分布在美国 23 个州，其中加州最多，有 18 家餐厅都与这个网站合作。

3. 购买飞机票

拉脱维亚波罗的海航空公司（airBaltic）接受比特币支付，其官网上有比特币通道。目前，该航空公司支持飞往中国、越南、俄罗斯、冰岛等 60 多个目的地，支付范围仅限于最低价位的机票。他们是全球第一家支持比特币支付的航空公司，如果你想去冰岛避避暑，通过官网 airBaltic 就可以直接订票，与他们合作的第三方支付机构 Bitpay 负责比特币的汇率兑换处理。

4. 住酒店

美国加利福尼亚迪士尼乐园 Howard Johnson 酒店的老板 Jefferson Kim 是一个比特币迷，因此他的酒店支持比特币订房。如果你恰好在美国出差，想要住在 Howard Johnson 酒店，就可以用比特币在酒店官网上进行预订。其官网详细地介绍了应该如何用比特币来订房的流程。Jefferson Kim 称：“个人非常希望看到比特币的成功。”另外，一家在线的旅游网站 Expedia 是第一家接受比特币的主要旅行机构，用户可以在这里进行酒店预订。

5. 购买房车

一个加拿大人曾经提出希望买主用比特币购买他价值 40.5 万加元（约 205 万元人民币）的一套房子。他的交易原则如下："如果你给我 40.5 万加元，我不反对，但是如果你用比特币交易，价格我们是可以有话好好说的。"毫无疑问，与酒店老板 Jefferson Kim 一样，他也是一个比特币迷，并且希望通过此举成为"第一个用比特币来卖房子的人"，为比特币的推广贡献自己的力量。

与此同时，美国奥斯汀还有一对父子以近 300 个比特币的价格售出了一辆 2007 款的保时捷卡曼 S。交易成功之后，两人表示将会开一家专门用比特币来卖汽车的在线商城。

被失业的金融业

区块链技术的好处非常多，这种优势将会使得金融机构无法再利用资金周转期进行再投资的模式来盈利。因此我们说区块链技术有可能会让金融业被失业，这就是一些金融机构对比特币处于观望状态的原因。

在中国，我们也面临这样的问题。2016 年 1 月 20 日，中国人民银行在北京召开数字货币研讨会，宣布其数字货币研究取得了阶段性成果，并开始探索发行数字货币，而其背后核心就是区块链技术。在未来，区块链技术不仅会颠覆金融业，还将在众筹、证券等领域发挥巨大作用，承担"颠覆者"的角色。

2016 年 1 月，10 多家国外大型银行对外宣称已经成功实验了区块链技术，在模拟现实（VR）环境下，区块链技术已经初步实现银行和银行之间的即时交易。未来金融行业的操作标准很有可能就此诞生。

在当前的结算模式下，第三方清算中心管理着银行间的票据账本，而银行与银行之间的交易只能通过清算中心来完成结算。而由区块链设计出来的架构不需要经过清算中心，由银行与银行之间共同管理票据账本，交易在银行与银行之间完成。

2016 年 1 月参与区块链应用实验的 10 多家银行都属区块链联盟“R3 CEV”的成员。包括巴克莱银行、富国银行、汇丰银行、瑞士信贷银行等都是大家耳熟能详的全球性著名银行。这次协作实验相当于是金融业在区块链技术应用领域的首次尝试。

同样是 2016 年 1 月，花旗、摩根大通等金融机构向一家区块链初创公司 Digital Asset 投资 5000 万美元。这家公司致力于为澳大利亚证券交易所提供一个可提升交易时间的区块链解决方案。

金融机构纷纷关注区块链都是有原因的。俗话说先下手为强，如果反应比同行慢，最后只能被局势淘汰，因为你已经跟不上这个高速发展的科技时代了。区块链技术给金融机构带来的好处主要体现在两个方面：一方面是大幅度缩短了结算时间。结算中心需要至少一天时间来完成结算，而区块链技术可以让结算时间缩短到分钟或秒；另一方面是提高了银行间的透明度，降低了欺诈风险。交易数据由同网络内的成员共享，任何对交易数据的修改都需要得到所有成员的认证。

对于个人来说，区块链技术在金融业的应用也为我们带来了便捷，例如，实现资产转让当天交易或者即时取出转账金额等。

去中心化、分布式核算与存储

区块链技术去中心化、分布式核算与存储的特点为其未来的发展奠定了应用基础，由于这一特点的理论比较晦涩难懂，我们以跨境电商对区块链技术的应用为例，理解区块链的分布式核算与存储。

跨境电商是2015年在中国火起来的，由图3-4所示可以看到，其百度搜索指数自2015年来就一直居高不下。随着国家政策层面的扶持加强，跨境电商成为新的行业风口。据艾瑞预计，2016年中国跨境电商交易额将达到6.5万亿美元，年均增速超过30%。

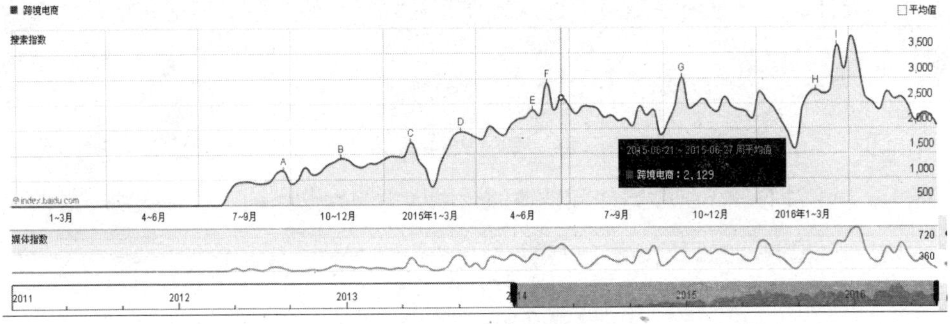

图3-4　2015-2016年跨境电商的百度搜索指数

为了积极支持跨境电商的发展，中国外汇局于2013年2月发文（5号文）在北京、上海、重庆、浙江、深圳等地开展支付机构跨境电商外汇支付业务试点，允许支付机构通过互联网支付模式为开展跨境电子商务的客户集中办理收付汇和结售汇业务。截至2015年2月，上海、北京、重庆、浙江、深圳5个试点地区共有支付宝、财付通等22家支付机构参与试点业务。

2015年1月，中国外汇管理局出台7号文，进一步推进支付机构跨境外汇支付业务的试点。与5号文相比，7号文重点在于业务支持、风险管理、数据采集等方面的优化完善。

数据与政策齐全之后，我们看这个行业自身的问题到底有哪些内容，如图3-5所示。

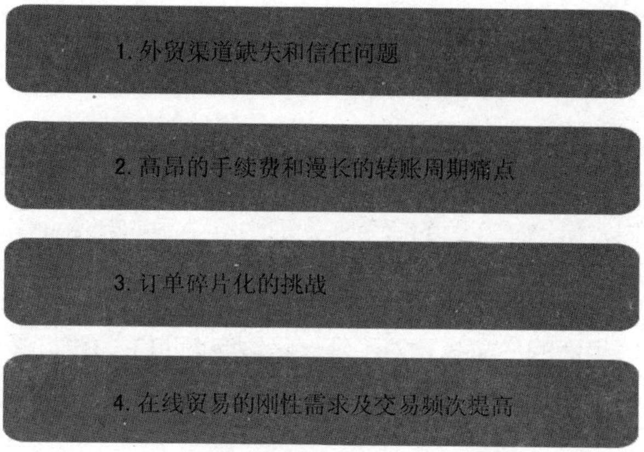

图 3-5　跨境电商行业自身的问题

1. 外贸渠道缺失和信任问题

随着经济全球化趋势的加深，外贸大环境越来越复杂，要求越来越高，而国内品牌商的外贸之路因为外贸渠道缺失和信任问题而显得迷雾重重。

2. 高昂的手续费和漫长的转账周期痛点

以传统跨境汇款方式电汇为例，其汇款周期一般长达 3 ~ 5 个工作日，除了中间银行会收取一定手续费，环球银行金融电讯协会（SWIFT）也会对通过其系统进行的电文交换收取较高的电讯费，如在中国通过中行进行跨境汇款会被收取单笔 150 元的电讯费。

3. 订单碎片化的挑战

全球金融危机后，中国外贸的特点发生变化，长期订单、大订单逐渐被碎片化的短期订单、中小订单代替。2015 年 4 万亿美元的外贸交易额中中小订单占到了 30% ~ 50%，市场体量庞大，外贸订单碎片化已成为新常态。

4. 在线贸易的刚性需求及交易频次提高

销售结构的复杂化及价格透明使得贸易效率提升的同时而利润却在下降。制造商必须全面转型，从简单的生产制造商进化为贸易综合服务商才能适应全球市场的竞争。

中国的第三方支付系统在国内是非常发达的，但是在国外就行不通了。全球经济的不均衡发展以及金融软实力的竞争在无形中给中国的制造业和贸易商增加了机会成本和隐形成本。支付是供应链系统的引擎，也是跨境电商的重要环节，其支付模式直接决定跨境电商的生命线。为了延长跨境电商的生命线，关于区块链支付的讨论应运而生。可以说，区块链支付为跨境电商提供了近乎完美的支付解决方案。

区块链去中心化的分布式核算与存储使得用户在跨境汇款中以更低的费用和更快的速度完成跨境转账，所以孕育着庞大的市场空间。区块链技术可应用于升级跨境业务，打造新的跨境支付方式，推动跨境业务发展。

除了清算时间长、手续费高这些客观劣势以外，传统的跨境支付方式还容易出现跨境支付诈骗行为，从而具有较大的跨境资金风险。通过区块链技术打造 P2P 支付方式，消除第三方金融机构的中间环节，不但可以全天候支付、瞬间到账、提现方便还没有隐形成本，也有利于降低跨境电商资金风险及满足跨境电商对支付清算服务的便捷性需求。下面我们一起看看区块链支付的解决方案。

分布式核算与存储的特点使得区块链形成了一个去中心化的全球结汇系统。这个系统的核心机制包括两方面内容。

一是通过引入网关系统来解决陌生人之间转账汇款的信任问题。一般来说，银行、第三方机构等具有公信力的主体都可以担任网关。用户与网关之间的关系在整个系统中反映为一种债权债务关系，即如果用户 A 需要通过区块链钱包汇款给用户 B，则其间的网关就与 A 生成了债务，与 B 生成了债权，通过将该网关对 B 的债权转为 A 对 B 的债权并进行清算，继而反映在双方余额变化上就完成了交易。

A与B之间的债权债务关系利用区块链的分布式网络存储在若干个服务器上，而服务器之间以 P2P 的方式进行通信，以避免单一、集中式服务器所带来的各种风险。

二是根据共识选择用于结算的数字货币，如比特币、莱特币等。数字货币的作用是维护系统正常运行，防止恶意攻击者大量制造垃圾账目蓄意破坏。因此区块链钱包要求每个网关都必须持有一定限额的数字货币量，并且每进行一次交易，都需要提供一定量的数字货币，就像传统的每次交易都要交手续费一样。

另外，数字货币的跨境结算还允许银行的参与。银行不需要提供技术支持和底层协议，只要指定特定的数字货币履行这一职责就可以了。这种模式将会代替传统成本高昂的 SWIFT 技术，从而帮助传统银行以更低的成本、更快的速度来进行跨境清算和汇款。当然银行还可以选择覆盖更多的支付场景和数字币种，就像天猫和京东为用户提供多样的结算方式一样。

区块链钱包还建立了一套算法用于不同币种之间的货币兑换，为交易双方迅速匹配到有最优惠换汇价格的做市商（承担网关角色），然后由该做市商接受付款行的货币并向收款行支付其所需的货币，通过对双方债权债务的清算来完成跨境汇款。

毫无疑问，区块链技术为跨境支付提供的解决方案可以弥补现有跨境支付中的体验问题。然而，区块链跨境支付还存在一些挑战，如图 3-6 所示。

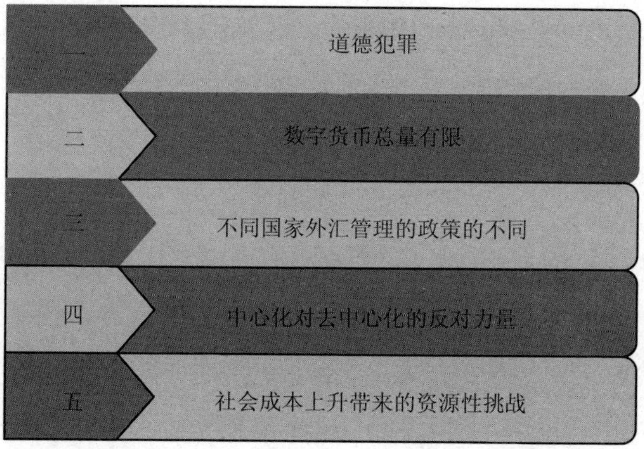

图 3-6　区块链跨境支付面临的 5 个挑战

第一个挑战：道德犯罪。

区块链匿名机制是道德犯罪的根源。如果在跨境电商的支付结算中可以要求交易主体实名认证将会解决这一难题，因为匿名机制使得用户的货币被盗后难以获得法律保障。

第二个挑战：数字货币总量有限。

数字货币是通过算法得来的，总量有限，在跨境交易中会遭遇“上限”的挑战。

第三个挑战：不同国家外汇管理政策的不同。

不同国家有着不同的外汇管理政策，有的宽松，有的严格管制，平台自然也会受到影响。

第四个挑战：中心化对去中心化的反对力量。

中心化与去中心化是两股相对的力量，在区块链去中心化的道路上，自然会受到中心化力量的反对。

第五个挑战：社会成本上升带来的资源性挑战。

区块链系统需要大量的矿工保障系统的安全运行，交易处理会消耗整个网络的算力和能源，而分布式存储也会大量占用众多节点的带宽和设备，这都使得社会成本大幅度上升。

均等的节点权利和义务，更公正

2009 年的一天，洪都拉斯警方冲进 Mariana Catalina Izaguirre 的家里，让她立即离开。Mariana Catalina Izaguirre 的第一反应是不知所以然，因为她已经在那里住了 30 多年。随后她将自己家里存放的政府的房屋证明拿出来给警察看，然而警察告诉她：“来自当地政府房屋委员会的资料显示，该房屋属于另外一个人，而这位‘房主’向法院申请了驱逐令。”最终，Mariana Catalina Izaguirre 女士被迫离开了自己的家。

看完这个真实的故事，大多数人的感受就是太不公平了。然而，由于登记不详或记录丢失，像这类不公平的事情在全球都很普遍。房屋所有权保障的缺失便是不公正的源头，也导致了利用房屋或土地作为抵押物进行融资等变得异常困难。

以区块链为底层技术的比特币就能让这类问题消失，它通过均等的节点权利和义务分配，创造了一种解决彼此之间不信任的更公正的记账方式。

这就是洪都拉斯的政客们试图通过与 Factom 公司（为基于区域链的土地登记提供原型的美国创业公司）的合作来清理洪都拉斯财产机构的原因。与此同时，希腊也对 Factom 公司产生兴趣，因为希腊没有合适的土地登记政策，90% 以上的土地在绘出的地图上都是错误的。

区块链公正的记账模式还可以扩展到防止偷窃以及超市流水线的应用上。NASDAQ 交易所就致力于用区块链系统来记录私有企业交易的研究。不喜欢科技文明的英国银行也被区块链刺激了，在 2015 年的研究报告中写道：“节点权力均等的区块链是个了不起的创新，将会对金融业产生深远的影响。”

区块链技术的核心是所有当前参与的节点共同维护交易及数据库，它使交易基于密码学原理而不基于信任，使得任何达成一致意见的双方能够直接进行支付交易，而不需要第三方的参与。

从技术上来讲，区块链是一种记录交易的数据结构，反映了一笔交易的资金流向。区块链是由一个个已经达成交易的区块连接在一起形成的，所有参与计算的节点都记录了主链或主链的一部分。

在区块链上，每一个节点都有一份完整的已有区块链备份记录。而这些都是通过进行数据验证算法解密的矿工网络自动完成的。区块链上保留有每个节点和节点上比特币余额的信息，这些信息也被记录在完整的区块链上。公共式区块链账本完全对外公开，这意味着区块链信息可以通过特定地址在区块链浏览器上进行查询。因此，我们才敢肯定地说，区块链通过均等的节点权利和义务保证了绝对公正。

第三方维护变为共同维护

大家可以想象一下这个场景，有两个银行和两个用户：银行 A 和银行 B 以及用户 C 和用户 D，用户 C 还使用一款第三方支付软件 E。银行 A、银行 B 以及第三方支付 E 都分别用自己的信息系统为用户记录账户余额，这大概就是当今金融世界里的样子。

在银行 A 的系统中有如下记录：“银行 B 欠自己 800 万美元；用户 C 透支了 1.5 万元人民币；用户 D 有存款 3.2 万元人民币。”

在银行 B 的系统中有如下记录：“自己欠银行 A800 万美元；用户 C 有存款 6.8 万元人民币；用户 D 有存款 1.1 万元人民币；自己在第三方支付 E 上有 150 万元人民币。”

而用户 C 在银行 A 透支了 1.5 万元人民币，在银行 B 有存款 6.8 万元人民币，在第三方支付 E 上还有 0.5 万元人民币的余额。因此，只有通过两个银行和一个第三方支付的 3 个系统才能计算出用户 C 真正拥有的财产。

我们可以看到，银行 A 与银行 B 之间 800 万美元的借款被记录了两次。事实上，每个银行都必须花费大量的时间与金钱去开发和维护系统用来记录信息。更麻烦的是它们需要花更多的时间和金钱在各银行之间互相检查对账。银行业的数据需要使用多个不同的系统去记录。而且，银行需要在对账方面付出高昂的成本，以确保各方信息的准确性。

下面我们改变一种方式用一张图表来记录上面例子中的所有数据，见表 3-1。

表 3-1　银行、用户以及第三方支付之间的所有数据

甲方	乙方	货币类型	数额
银行 A	银行 B	美元	800 万
银行 B	第三方支付 E	人民币	150 万
银行 A	用户 C	人民币	1.5 万
用户 C	银行 B	人民币	6.8 万
用户 C	第三方支付 E	人民币	0.5 万
用户 D	银行 A	人民币	3.2 万
用户 D	银行 B	人民币	1.1 万

表 3-1 和之前银行各自记录的内容是一样的。这种记录方式使得银行与用户之间不用维护自己的系统，而且最关键的是完全省去了银行之间对账的流程。因此，为什么世界上不能有一个统一的账本呢？有人可能会问，哪个单一系统有能力维护这个账本？维护这个单一系统的成本会不会很高？这个系统如果出故障了怎么办？这个中心系统如果在账本中作弊怎么办？

区块链技术解决了这一难题。区块链是一个共享网络，所有银行和用户都在这个网络当中，没有一个中心系统会维护账本，取而代之的是网络中所有银行和用户都有这个账本的最新内容，账本由网络中的所有参与者共同维护。这样就防止中心系统故障引起的账本丢失，而且每个参与者都对账本的安全与稳定起到重要作用。

让汽车租赁与销售体验前所未有的简单

2015 年 11 月初，信用卡品牌巨头 VISA 和电子签名交易管理领导企业 DocuSign 在美国拉斯维加斯举行的 Money20/20 会议上，发布了一款前所未有的汽车租赁数字签名概念验证。这一壮举不仅会推动租赁汽车的过程数字化，还将在全球引发一场拥有巨大影响力的消费革命。

数字签名概念验证是利用区块链将签名验证记录保存下来，这种区块链可以为每个人及每辆车创建独一无二的数字指纹。尽管这一应用还没有被验证，但是业内人士推测："或许整个租赁过程会伴随着一些新事务的产生，例如，顾客心血来潮想增加保险项目，而这些新事物都在区块链中进行实时更新，安全性可以得到绝对保证。"

众所周知，互联网和 IT 技术的发展已经逐渐走向成熟，然而一旦遇到签名，大家还是得用最原始的方法拿笔写字。一般情况下，一个人的职位级别越高，拿笔签名的机会也就越多，这无疑是对互联网时代下"无纸化办公"的一种嘲讽。

传统的汽车租赁流程是：先利用互联网预定汽车，在下飞机之后，只能在租车公司的服务前台耐心排队，等待客服人员烦琐而细致地检查顾客的身份证明、驾驶资质、信用卡记录，询问已经办理的保险项目，再交代一系列注意事项，然后你才能在一堆文件上郑重其事地签名……

如果你要去一个闻名世界的旅游城市，并且提前在网上预定了汽车，当你下飞机之后能在 1 个小时内拿到车就是你的幸运，尤其是像巴黎戴高乐机场或洛杉矶国际机场这样的地方。

一对韩国的年轻夫妻在墨尔本国际机场这种人流较少的地方租车的时候，排队等了半个小时。当轮到他们的时候，由于语言不通，年轻夫妻与客服小姐都急得抓耳挠腮。而后面的人更是帮不上忙，只能等待。

如今，VISA 和 DocuSign 发明的这种以区块链技术为基础的数字签名验证模式将彻底改变这种现状。如果这种数字验证模式得到推广，租车的过程将会变成这样：顾客到服务前台递上护照，什么都不用说，客服人员根据护照号调出租赁申请，直接领顾客上车。顾客上车之后在中控台液晶触控屏显示的合同上用手指签名，然后等待 10 秒，验证通过之后便可以开车走人了。

在新场景下，整个租车过程仅仅用了半分钟就能办妥全部租车手续。对于租车公司来说，销售体验有了显著改善。我们可以前后对比一下：在传统租车模式下，一个客服能在 1 个小时内接待 6 个顾客就算是很快了。如果遇上语言不通的外国人，就像上文提到的韩国年轻夫妻一样，30 分钟内双方都无法达成共识。而采用数字签名概念的租车方式，一个客服能在 30 分钟内至少接待 60 个顾客——无论这些顾客是哑巴还是外星人。

数字签名概念的租车方式仅仅能让客流增长 10 倍吗？不是。大家可以想象一下，当你在甲租车公司的接待前台等了一个小时还没有轮到，而旁边乙租车公司的顾客却像流水一样走了几百个，你会有什么感想或者你会做出怎样的举动？你肯定会抓狂，然后询问一个在乙公司办好租车业务的顾客："兄弟，你为什么这么快就办好了？"当对方向你解释原理之后，下一次，你绝对不会愿意再光顾甲公司，而是选择乙公司。一段时间后，甲公司的顾客将全部流失。

有人或许会因为这种数字签名概念很陌生，所以认为其无法保证安全性。下面，我们有必要介绍一下 DocuSign 公司。DocuSign 公司是电子签名交易管理领导企业，炒比特币的玩家对这家公司应当有所了解。作为数字签名概念的初创者，DocuSign 现在已经取得了 ISO 27001, SSAE 16 的认证——这是目前世界上最高的信息安全认证标准，每年接受世界上最严格的第三方审计。

在技术方面，DocuSign 使用了用户加密认证，而且可以利用特定的 IP 地址登录账号绑定功能保证用户数据的安全。DocuSign 在全球各地都有自己的数据中心，即便其中一个受到破坏，也不会导致用户数据的泄漏。另外，DocuSign 数据中心还使用了防篡改技术保护其中的数字文件。对于恶意破坏的黑客来说，他们根本就不知道这些虚拟的文件散布在哪里，当然就没有下手的机会。

DocuSign 的创始人 Tom Gonser 是这样形容的："数字签名比锁在银行保险箱里的文件还要安全。"目前，美国全国房地产经纪人协会中超过 110 万房产经纪人选择 DocuSign 的数字签名服务来签署房屋交易合同，90% 以上的世界 500 强企业都使用过 DocuSign 的数字签名服务，而惠普和思科甚至已经把

DocuSign 数字签名作为标准化的签名工具。

Visa 和 DocuSign 合作后，双方使用区块链技术构建了一种简化的汽车租赁模式。究竟有多简单呢？客户只要“点击选择、签署协议、开车”就完成整个租赁过程了。首先，租车人选中自己想租的车型，交易接入一个区块链分布式账本；然后，客户在驾驶座中签署一份租赁协议和保险单，区块链上的交易信息就会随之更新。不难想象，这种租车模式经过发展，也可以应用在汽车销售及车辆登记的过程中。

区块链改进股票交易过程

证券在证券交易所的交易程序一般包括以下 5 个环节：开户、委托、撮合成交、清算与交割、过户，如图 3-7 所示。

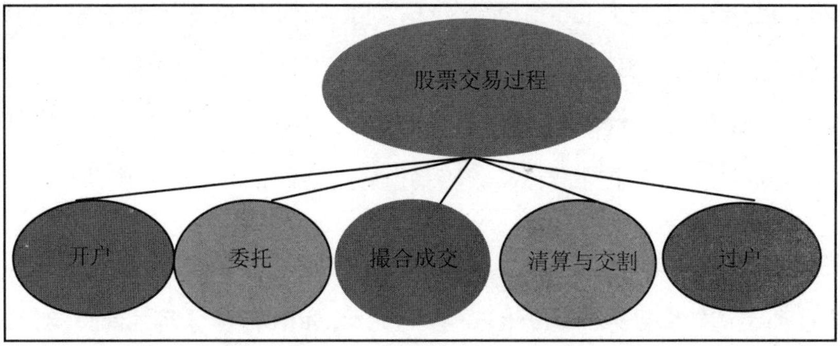

图 3-7 传统股票交易过程

1. 开户

股票中的开户就是用户要在券商处为自己分别开设一个存放股票和资金的账户，为股票的交易提供方便。开户之后，用户才有资格委托券商代为买卖股票。开户时要同时开设股票账户和资金账户。甲投资人买入股票，乙投资人卖出股票，成交后股票从乙投资人的股票账户转入甲投资人的股票账户，相应的资金在扣除费用后从甲投资人的资金账户转入乙投资人的资金账户。

（1）股票账户

股票账户是证券登记机关为投资人设立的，用于准确登记投资人所持的股票种类、名称、数量及相应权益变动情况的一种账册。

（2）资金账户

资金账户是投资人在证券商处开设的资金专用账户，用于存放投资人买卖股票取得的资金，记录股票交易资金的币种、余额和变动情况。资金账户类似于银行的活期存折，投资人可以随时提取存款，也可以获得活期存款的利息。

2. 委托

办理完股票账户及资金账户后，用户便可进入正式的股票交易。由于法律规定一般的投资人不能私自进行股票买卖，股民所有的股票交易都必须通过券商进行，这就是委托。

3. 撮合成交

券商在接受投资人委托后，就可以通过专线电话与派驻在交易大厅内的代表人（俗称“红马甲”）联系，或者直接通过先进的计算机和通信系统将用户的委托内容报告与证券交易所内的自动撮合系统参加集合竞价或连续竞价。证交所内的交易系统根据时间优先及价格优先的原则对符合条件的委托予以成交，这个过程就是撮合成交。股票成交后，证券交易所随后将成交记录反馈给券商，券商再通知股民在指定的交易日进行确认。

4. 清算与交割

清算与交割是一笔股票交易达成后的后续处理，是价款结算和股票交收的过程。清算和交割是股票交易中的关键一环，它关系到买卖达成后交易双方责权利的了结，直接影响到交易的顺利进行，是市场交易持续进行的基础和保证。

5. 过户

中国证券交易所的股票已实行所谓的“无纸化交易”，对于交易过户来说，结算的完成即实现了过户，所有的过户手续都由交易所的电脑自动过户系统一次完成，无须投资人另外办理过户手续。表 3–2 为传统股票交易过程中的费用成本。

表 3-2 传统股票交易过程中的费用成本

收费项目	深圳 A 股	深圳 B 股	上海 A 股	上海 B 股
印花税	1‰	1‰	1‰	1‰
佣金	小于或等于 3‰起点：5 元	3‰	小于或等于 3‰ 起点：5 元	3‰起点：1 美元
过户费	无	无	‰（按股数计算，起点：1 元）	无
委托费	无	无	5 元（按每笔收费）	无
结算费	无	0.5‰（上限 500 港元）	无	0.5‰

通过以上介绍，大家知道股票交易是一个复杂过程，各个公司及创业者无不想要对其进行简化。在过去各种尝试中，各种股票交易软件应运而生。然而，区块链技术的运用比以往任何尝试都有效。区块链实现了股票交易的自动化，增强了交易的安全性。2016 年 4 月，Overstock 的下属机构 TØ.com 首次尝试利用区块链技术开启线上股票交易模式。在 Overstock 使用区块链发行私有债券后，TØ.com 得到美国证券交易委员会（SEC）的批准，发行了公共债券。

2016 年初，国际领先投资银行高盛表示，从金融到房地产，区块链技术将颠覆一切。随后，高盛分析师詹姆士 · 施奈德（James Schneider）等人在报告中写道：“通过在买方客户、经纪商、托管行以及美国存管信托和结算公司（DTCC）中间减少重复的和需要人工确认及协调的交易，我们觉得区块链技术在美国将能每年节省 20 亿美元成本（显性成本和经济成本）。从全球范围分析，假设成本和股市市值成比例，那么每年节省的成本也许会超过 60 亿美元。”

在传统的股票交易过程中，指令执行环节并不复杂，复杂的是交易指令执行后的结算和清算环节。而在这一环节里，区块链能够发挥自身优势。股票交易指令执行环节基本不会受到区块链技术影响，因为价格发现、对手方匹配和匿名交易等特征要一直存在，当前的指令执行过程也已经相当高效。而在股票交易的结算和清算过程中，区块链技术则能够减少甚至消灭交易差错，并能够优化后台流程、缩短结算时间。

在传统的股票交易过程中，人工干预程度约为 10%。引入区块链技术之后，股票交易将实现全过程自动化，无须人工干预。通过在交易启动时引入协议，区块链能消除一些最常见的交易后问题及差错，如错误的结算指令和账户指令细节等。

当前，股票交易过程的确认在整个周期的多个时点进行，参与方有存款信托及结算机构（DTCC）、托管行、经纪商和客户。如果区块链能被这些参与方应用，其中很多属性可以打包进智能协议，从而使股票交易变成交易指令执行之前的要求，而不是在交易后要求多个参与方核验并同意。

在金融监管严格的领域中，区块链技术要真正普及还需要很长时间。预计在 2018 年之前，区块链技术将出现早期的应用原型，5 年内将被市场小范围采用，10 年内出现较大范围的使用，而要被监管严格的美股股市采用，还要多达 10 年时间。

高盛认为："在比较短的时间内，以消费者为导向的共享经济和社交媒体公司可能会率先开始采用基于区块链技术的身份识别和信用管理系统。在资本市场，预计未来两年将在小范围内、有限的参与者中间出现一系列早期的原型。鉴于美国股市等大型市场的监管要求以及参与者众多，区块链技术要在较大范围内被市场接受也许仍要长达 10 年时间。"

摩根士丹利与高盛的看法不谋而合。摩根士丹利分析师 Huw van Steenis

在一份报告中称："区块链技术激发的某些兴奋情绪是很合理的，但当前的热炒有些过头了，这种技术要实现大规模应用，还有很长的路要走。"

区块链技术所带来的破坏性创新或许不会像外界传言的那么早到来，但是金融机构和他们的客户将在未来 2 ~ 5 年内采用区块链技术进行验证，并长时间维持一个迭代过程。

第 4 章

区块链开放性系统，自由查询数据

区块链技术是最有可能改变未来商业的技术。尽管区块链技术的原理很复杂，但是理念却非常简单。本质上，区块链是一个全球性的分布式数据库，在世界上数不胜数的计算机设备上运行，并向任何一个人开放。人们可以利用区块链保存和移动任何有价值的东西，包括金钱、事件、艺术、知识产权甚至音乐。在区块链技术中，保存数据的不是政府、银行、技术公司等权力中心，而是无数个协同合作的“聪明代码”。区块链保证了每一个人都可以自由查询数据。

回顾过去，第三方系统你能看见吗

在当今社会，第三方力量是公认的解决社会矛盾的主要力量。无论是公民之间的纠纷、还是公民与公司或者政府机构之间的矛盾，常常是引入第三方力量进行公平裁决。例如，医院与患者之间解决医疗纠纷的人民调解委员会及医疗纠纷理赔处理中心。

可以说，人们之所以希望有第三方力量的加入是对公平公正的裁判机构和机制的渴求。而当下，一些具有第三方性质的机构因为现实原因，其独立性、影响力还不能让人们满意。另外，第三方系统中心化的特征使得我们无法保障自己的权利。

下面，我们以某第三方支付平台为例，看用户对第三方系统的不可控性。上海市民杨先生遇到了一件非常奇葩的事情。那么，到底发生了什么事情?

2016 年 2 月 19 日，杨先生在办理信用卡一个月后，进行还款操作。使用第三方支付平台操作的过程是非常顺利的，第三方支付平台立即显示欠款已经清零，手机也收到了来自银行的还款成功通知。然而，过了几个小时之后，杨先生又收到一条银行发来的短信，显示信用卡自动还款失败。

杨先生吓了一跳，立即拨打银行的客服电话，被告知已经还款成功。经历了这样惊心动魄的还款，杨先生依然心有余悸。他说："这是我的第一张信用卡，如果还款这么曲折，以后不敢再用下去了。"银行相关工作人员表示，客户最好使用手机银行或者去指定银行还款。如果利用微信、支付宝等第三方软件还款，就有可能遇到系统延迟或者不能及时到账等情况，就像杨先生遭遇的一样。一旦遇到这种情况，客户应当拨打卡片背面的客服电话，让客服在后台系统查看准确信息。

通过的上面案例我们知道，作为一个普通用户，我们根本看不到第三方系统，也无法对其进行把控。类似的案例在所有涉及第三方系统的领域中都存在，如 P2P 理财贷款领域。

2012 年 6 月淘金贷 P2P 平台跑路的事件在当时闹得沸沸扬扬。淘金贷上线的时间只有 7 天，卷款跑路的涉案金额高达 100 万元。尽管现在 P2P 行业里的风险事件涉案金额动辄几十亿元，但是淘金贷跑路事件依然掀起轩然大波，引起人们对第三方存管平台的关注。同年 P2P 行业的网贷第一大案是涉案金额 2 000 万元的优易网跑路案。

在 2012 年，P2P 行业规模还比较小，只有 100 多家，整个行业年交易量在 500 亿元左右。银行看不上 P2P 网贷行业的体量，认为服务成本太高，加上监管政策的不确定性，所以拒绝为 P2P 提供存管服务。在这种情况下，第三方支付的存管就此登上历史舞台。

截至 2016 年 4 月底，P2P 网贷平台有 3 000 家左右，其中还有上市公司、国资、实业背景的平台。据网贷第三方公司统计的数据，P2P 网贷行业在 2015 年前三个季度的交易量就突破了 8 000 亿元，在 2016 年达到万亿元规模是没有问题的。

随着 P2P 行业的火爆，投资人的资金存管已经集中在少数几家支付公司手里。在现有的技术条件下，我们只能依赖第三方，尽管我们看不到其系统具体的运营模式。我们可以畅想，当区块链的应用越来越广泛，第三方的作用将被代替。

区块链数据对所有人公开

向所有的参与者公开数据，让他们共享一个账簿，并通过去中心化的管理达到人人平等，这些区块链的创意是前所未有的，并且让它在国际社会中大放异彩。从英国首席科学顾问 Mark Walport 先生到国际货币基金组织主席拉加尔德（Lagarde）女士，再到美联储主席珍妮特·耶伦（Janet Yellen），这个世界上的最高金融权威都为之癫狂。就连华尔街传奇人物摩根大通 CEO 杰米·戴蒙 (Jamie Dimon) 这样曾经唱衰区块链技术的人，也开始重新思考、发表声明说，区块链技术教会了他很多新东西。

你可以将一个区块链看成一个绝对公正的账本，其数据对所有的人公开，所有的参与者都能在互联网上共享这些数据。如果没有进一步思考，我们几乎以为区块链的用途就止于此了。但归结起来，区块链有两大独特优势：抗腐败和冗余可靠。

区块链优缺点的发挥取决于人们的部署，例如，部署的节点多，抗腐败及冗余的优势就更明显。而与私有链相比，公有链能更好地发挥这种优势。

比特币、以太坊超级账簿以及大部分的竞争币系统都是公有链的例子，如图 4-1 所示。它们都对所有人公开，人人都能通过一台联网计算机就可以进入。

以比特币为例，所有的参与者 ID 都是匿名的，但是上面的数据都默认对所有人公开。这种开放性带来了巨大的优势，如抵抗专制制度资本管控及抵抗攻击的能力。比特币在保证对所有人公开的同时还具有安全的特征，你甚至无法想象，你能够获知每一个参与者的账户余额及交易记录。

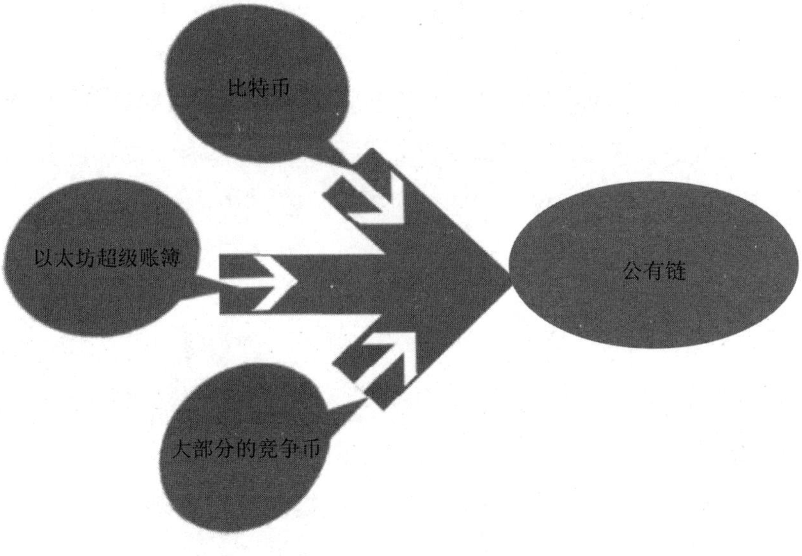

图 4-1　公有链的例子

直到现在，人们依然惊奇于比特币保障安全的新颖方法，而且在它存在的历史中，竟然从来没有人切实可行地打破过这种安全。与之相对的私链，用最传统的方法保护用户权利和安全，这种模式的雏形开始于世界第一把锁的发明。一把锁只有几把钥匙，这会让人们觉得安心。如果你希望更少的人知道你的数据库，这种模式更安全些。但是纵观历史，有数不尽的例子证明这种模式失败的可能性很大，钥匙可以被设计得很聪明，然而总有更聪明的黑客可以破解。

如果你在你的区块链上转移一大笔资金，那么一场黑客竞赛也就开始了，胜利者将会以很小的成本获得你的这笔资金。公有链所遭遇的考验更多，尤其是比特币区块链。目前，只有比特币区块链在经过众多考验之后依然保证安全。显而易见的是，黑客对比特币网络中每天潜在交割的 67 亿美元的价值毫无下手的机会。

美国商品期货委员会（CFTC）比特币顾问 Paul Chou 在接受纽约商业周刊的采访时说："很多人提案使用区块链，但没有比特币的区块链是在走邪路。

他们在邪路上越走越远，而且是在摸着石头过河。”

保罗·周（Paul Chou）是 LedgerX 创业公司的 CEO。他想要建立一个“第一家获美国联邦监管许可的比特币期货交易所和票据结算所，为机构市场提供抵押清算、实物交割比特币期权等服务”。除了在纽约市中心为 CFTC 提供咨询的时间以外，他都在为这个目标努力着。

与保罗·周一样对比特币长期看好的人都有一种观念，即“比特币的大一统主义”。比特币的早期用户及被比特币经济远景所吸引的人群都存在这种观念。“比特币的大一统主义”是由以太坊超级账簿的创始人 Vitalik Buterin 提出的，它的意思是安全的比特币区块链将会打败其他区块链，最终占据支配地位。

经济学及计算机科学中“网络效应”的概念也是这个道理，指一个网络或协议的先行者具有强势的力量而且从来没有失败过，那么它将会排挤其他所有竞争者。比特币的大一统理念是否成立还有待验证，但有一件事情是清楚的，那就是私有链提供不了公有链的独特优势。

例如，公有链是一个透明引擎。2015 年 8 月，Vitalik Buterin 发表了一篇博文《私有链和公有链》，他指出：“公有链从应用的开发者保护应用的用户，有些事情即使应用的开发者也没有权威去实施。”有一个典型案例就是，社交软件及其他会员制网站一旦改变规则就会流失一部分用户。而 Facebook 之所以能够保证每次规则的改变只影响很小一部分的用户，是因为每次做改变的时候他们都会提前通知用户。

Vitalik Buterin 同样提到，不同组织使用同一种区块链还会提高这种区块链的普及度，加大这种“网络效应”。Vitalik Buterin 说：“如果我们把域名解析系统集成在区块链，同时把一种货币集成于这个区块链中，那么我们可以通过智能合约把操作费用降低到接近于零。”

《精通比特币》的作者安德烈亚斯 · 安东诺普洛斯（Andreas Antonopoulos）给出了一个通俗的解释，他把私链和公司内部网做对比，这个视频的名称叫作“泡沫男孩和家鼠”（家鼠代表比特币）。安德烈亚斯 · 安东诺普洛斯强烈赞同保罗 · 周的观点，认为比特币区块链就是最适合不同实体间转移价值的公有链。

安德烈亚斯 · 安东诺普洛斯说：“事实上现在的商业已经在用私链，但它有和公司内部网同样的限制，包括一些安全问题。私链的这个问题表现在，它创造了一个恶意软件占优势的环境，所以安全就成了固有问题，它有时会完全接管你的网络。”

任何人都可以查询

2015 年 10 月初，一则香港劫匪绑架勒索案上了新闻头条。大部分人都不知道原因是什么，劫匪的勒索金额并不大，绑架的也只是一个普通人，而且绑匪也不是像张子强那样绑架过李嘉诚长子的“贼王”。原来，绑匪在向人质家属索要赎金时居然要求用比特币来支付，就连守在电话旁监听的警察都一时傻了眼。

比特币这种新鲜的事物在中国还没有被大众所熟知，普通人可能还以为比特币只存在于黑客的世界里。中央电视台曾经报道过一个介绍比特币的新闻，让很多人知道了比特币这一事物。然而，这次因为一个绑架勒索案而进入大众视野则让很多人对比特币产生不良印象。有人捧就有人攻击，我们应当本着“不以己弊人，不以人弊己”的原则正确看待比特币。

攻击区块链比特币的人认为：“区块链的匿名性特征使比特币沦为洗钱、买卖毒品、资助恐怖主义的犯罪工具。”

在比特币最初诞生的时候，一些报纸和其他评论机构就习惯将其与犯罪活动联系到一起，认为比特币这种新技术是适合罪犯的犯罪工具。确实，罪犯比普通人更加关注新技术，这是他们的犯罪心理使然，而且情况一直如此。

例如，在 20 世纪 90 年代初期，互联网还没有被广泛应用于人们日常生活中，而且还被很多人视为诈骗犯罪、色情内容及盗版音乐的温床。当时，上网成为一个贬义词，为了防止孩子受到不良影响，不少父母都拒绝在家里安装网络。直到 21 世纪初，人们对互联网的潜力有了全面了解，公众开始接受了互联网，互联网才在人们心中摆脱了邪恶之源的印象。

如今，美国任何一个地方，任何一个家庭都安装了网络，而且被视为一项真正具有革命性的技术，互联网在中国也日渐普及。

比特币的诞生就像互联网最初诞生时一样受到了人们的批评。比特币的匿名性让人们使用比特币购买产品和服务时具备了一定程度的神秘性和邪恶性，因此人们认为它会成为一种危害社会的工具。然而人们每天都在使用匿名货币购买产品和服务，这种匿名货币叫作纸币。

比特币只是推动匿名纸币时代进入了匿名数字货币时代。比特币可以用于贩卖毒品及其他违禁类产品和服务，这是事实情况，但用 100 美元也能达成这一结果，任何纸币也都可以。如果说，人们可以接受纸币的匿名性，为什么要抗拒比特币的匿名性呢？两者都具有匿名性，唯一的区别就是纸质与数字的区别。

事实上，比特币虽然具有匿名性，但是比特币的使用很容易就能追踪，任何人都可以查询，而纸币的使用则无迹可寻。业内人士曾经尝试过根据序列号追踪纸币使用踪迹的研究，但是几年后被证明是不可行的。下面对纸币和比特币进行了对比，内容如图 4-2 所示。

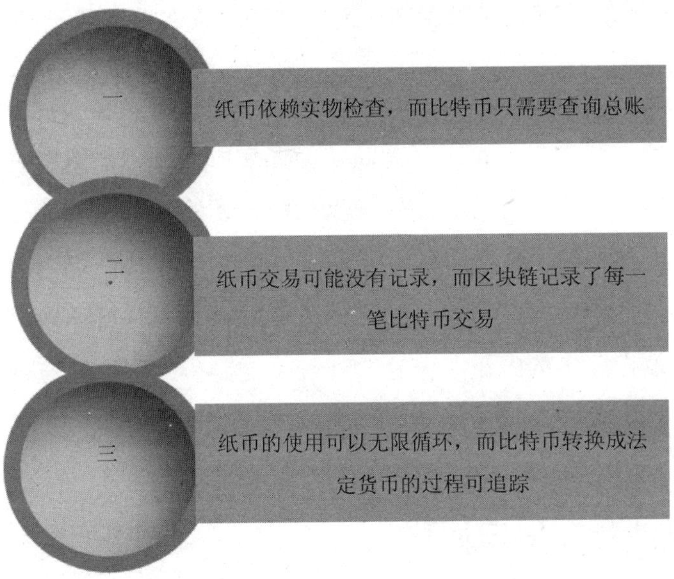

图 4-2　纸币和比特币的对比

1. 纸币依赖实物检查，而比特币只需要查询总账

如今，纸币的追踪依赖于实物检查的方式，而比特币的优势则更明显。比特币的本质是一个庞大的分布式账本，每一笔网络交易都由节点记录在系统中，尽管交易双方钱包的所有者是匿名的，但总账是公开的。包括执法机关、税务当局在内的所有机构和个人都可以访问总账。

2. 纸币交易可能没有记录，而区块链记录了每一笔比特币交易

区块链记录了系统中发生的每一笔交易，因此我们可以在总账中查询到所有的交易历史。每一笔比特币交易都可以查询，无法隐藏、改变或者篡改，远远好于纸币消失又出现，交易或转移的情况。如果没有记录，纸币交易各方的情况是无法查询的，而比特币交易则会显示在总账里，除了比特币钱包所有者的身份信息。

3. 纸币的使用可以无限循环，而比特币转换成法定货币的过程可追踪

另外，比特币对法定货币的转换过程也是可以被追踪的，因为用户要想将持有的比特币转换为法定货币，必须与交易所或提供类似服务的机构进行联系。所有提供相关服务的交易所及机构都处于监管下，帮助执法机构对犯罪行为进行追踪。相比之下，纸币可以无限循环使用，无须转换成其他形态。对于罪犯来说，使用比特币的犯罪行为更容易被执法机构追踪到，所以他们更愿意选择真正匿名的纸币。再看文章开头提到的绑匪，显然他对比特币的认识不足。

任何人都可开发相关应用

区块链的发展与应用被人们划分成了区块链 1.0、区块链 2.0 和区块链 3.0 3 个阶段。区块链 1.0 是指以比特币为代表的数字货币应用时代；区块链 2.0 是指区块链技术在股份、债权、版权、产权等金融领域的扩展应用；区块链 3.0 是指区块链应用扩展到金融行业之外的司法、医疗、物流等各个领域，全面覆盖人类社会生活，实现信息共享，不再依靠第三方获得或建立信用。

本节以区块链 3.0 中区块链在医疗健康领域中的应用为例，看相关应用的开发。医疗健康领域是继金融领域之后区块链技术的第二大应用场景。

随着医疗技术不断发展，医疗数据的作用将会变得越来越重要。包括病人身份、过往病史及医疗支付情况的医疗数据将有可能成为一个人最隐私的数据。

我们在第一章最后一节提到，在现实世界里，患者的私密信息都存储于医疗部门的中心化数据库或者文件柜里，而信息泄露情况时有发生，如 Anthem 曾经泄露 8 000 万病人和雇员记录，UCLA Health 曾经泄露 450 万病人数据。由医疗部门管理患者的私密信息已不再是最优选择。随着基因数据检测手段及指纹数

据应用的普及，人们开始担心一旦医疗部门泄露了患者的信息，将会导致灾难性的后果。

通过区块链技术实现对患者隐私信息的保密显得迫在眉睫，也是目前人类找到的存储数据的最好方法。下面我们一起来看看区块链在医疗领域的五大应用及开发相关应用的 6 家公司。区块链在医疗领域的五大应用如图 4-3 所示。

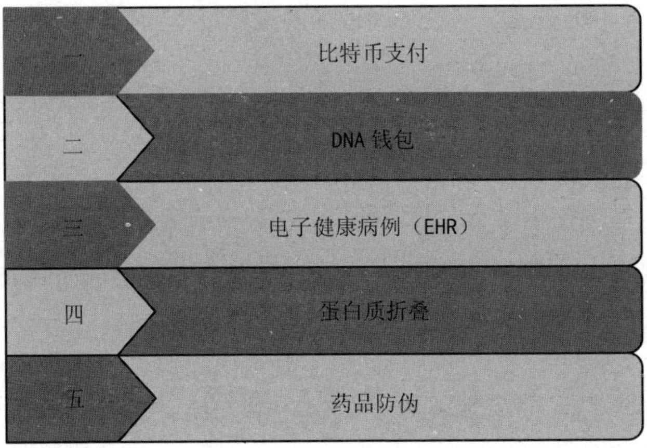

图 4-3 区块链在医疗领域的五大应用

1. 比特币支付

比特币支付是比特币在金融领域的应用，也给予患者进行保险支付更多的选择。提供这一支付方式的保险公司在竞争中的优势更大，尽管比特币在市场上的发展状况将会直接影响比特币支付的效率。对于健康医疗保险公司来说，比特币支付作为金融服务的一个部分，在未来是非常值得探索的。

2. DNA 钱包

区块链技术在数据存储方面的应用将会形成一个 DNA 钱包，使得基因和医疗数据只能通过使用私人秘钥来获得。这使得医疗健康服务商能够安全地存储、统计和分享患者数据，帮助医药企业高效地研发药物。这种模式的建立对患者与药企来说都是有利的。

3. 电子健康病例（EHR）

对于个人来说，区块链在医疗方面的主要应用还是对个人医疗记录的存储，也就是将病例数据转化为区块链上的电子病历。如果将病历比作一个账本，它原本是掌握在各个医院手里，患者自己都无法掌握，因此患者根本无法系统地了解自己的医疗记录与历史情况，这对患者来说是非常不利的，因为医生不能详细地了解患者的病史。

很多时候，医生会询问你对哪些药物过敏，而常常连你自己都不知道，如果用区块链系统存储个人医疗记录，这个问题就变得很简单，医生只要将你的病史资料调出来看就知道了。用区块链技术保存患者的病史资料不仅让患者就医有历史数据可查，还为医院或第三方存储机构减少了资料存储及管理的成本。

4. 蛋白质折叠

研究蛋白质折叠的意义在于揭示生命体内的第二套遗传密码。由于蛋白质折叠的速度非常快，过程难以捕捉。斯坦福大学的教授们曾经使用成本高昂的超级计算机来模拟这一过程，这种方式不仅成本高，而且还存在单点故障。区块链技术的运用使得他们可以选择借助一个巨大的分布式网络来进行高速运算。很多使用成本高昂的超级计算机的企业都开始关注起区块链在这方面的应用。

5. 药品防伪

药品防伪与编码防伪技术有相似之处，即运用区块链技术防伪的药品，在药品包装盒表面有一个刮层，底下是一个特别的验证标签，验证标签可以与区块链相互对照来确保药品的合法性。

下面，大家来看一下全球范围内六个布局医疗相关应用的区块链公司，如图 4-4 所示。

1.HealthNautica&Factom

2.Gem

3.BitHealth

4.Philips

5.DNA.Bits

6.Block Verify

图 4-4　布局医疗相关应用的区块链公司

1. HealthNautica&Factom

HealthNautica 是一个医疗记录和服务方案供应商，成立于 2000 年，总部在芝加哥。HealthNautica 有一个可定制化的客户驱动的云软件系统供医生操作和患者办理手续，使得医院、医生和病人之间的沟通更为流畅。

HealthNautica 开发的 eORders 产品在很大程度上提升了手术治疗以及程序调度过程，使得网络延迟的现象减少，而且还解决了数据莫名丢失的问题。

Factom 是美国著名的区块链公司，专门提供区块链技术服务，利用区块链技术开发各种应用程序，包括医疗信息记录、审计系统、投票系统、供应链管理、法律应用、财产契据及金融系统等。

Factom 将维护区块链数据网络视为自己的使命。Factom 帮助政府部门及商业社会简化了数据记录管理、记录商业活动并解决了数据记录安全性和监管性的问题，在一定程度上降低了管理真实记录、进行独立审计及遵守政府监管条例的成本和难度。

2015年4月，HealthNautica与Factom发表联合声明，宣称将会建立合作，共同研究运用区块链技术保护医疗记录及追踪账目，为医疗记录公司提供防篡改数据管理。

HealthNautica的客户，包括医院、医生及患者都希望通过运用Factom的不可变更账本来对医疗记录和合约进行验证和时间标记，从而提高效率并确保医疗数据记录的安全性。

HealthNautica发言人声称："我们非常愿意将Factom的技术运用在医疗健康产业，我们开发软件与Factom有相同的目的，就是在保证医疗数据的完整性的同时保护病人隐私数据。我们双方对合作研究记录防篡改、保存及数据追踪都感到十分地兴奋。"

HealthNautica的董事长Shailesh Bhobe说："Factom的技术特别适合于审计跟踪及保存的客户医疗记录。"其董事会成员Andrew Yashchuk说："我们的下一步动作是推动保险公司运用区块链技术保存数据，因而各方能够验证合约有效性并提升医疗账单支付效率。"

HealthNautica与Factom的合作是区块链技术在医疗健康领域的第一次商业化运作，开启了区块链在医疗应用领域的新篇章。

2. Gem

Gem是一家致力于构建全球医疗保健综合体并为人们提供更加私人化和性价比更高的服务的区块链企业。Gem Health是Gem旗下一个应用开发网络，能够向医疗保健服务商提供网络基础设施。目前，Gem Health探索的区块链应用包括健康网络、药品供应链、医疗数据存储、理赔、通用健康身份及基因数据管理等。

2016 年 5 月 11 日，Gem 宣布完成 710 万美元的 A 轮融资。关于 Gem Health，Gem 的创始人兼 CEO　Micah Winkelspecht 说道："一个连接医药健康产业，将所有医疗平台的重要数据连接到一起的新系统将会因为区块链技术的运用而诞生。区块链技术在数据有效性和安全性方面的优势对于医疗卫生行业来说将会使医院、保险公司和实验室能够实时连接并且即时无缝分享信息，而无须担心信息被泄露或者被篡改。"

Micah Winkelspecht 列举了一个案例："区块链将会为数据记录和身份管理提供一个公开标准。一个全球化的医疗健康区块链能够将每个病人包含本地医院和医生的记录信息关联匹配一个 ID。基于区块链技术的通用医疗健康 ID 能够减少患者诊疗过程中的医疗错误并保护病人隐私。"

Gem Health 的建立是 Gem 进入医疗健康领域的第一步，当然，区块链适用于一系列领域。Gem 正在建造一个网络基础设施，研发医疗健康领域更多的物联网方案，为未来布局。

3. BitHealth

BitHealth 是一家研发医疗健康数据存储和保护的区块链技术公司。众所周知，数据隐私、数据可信度及数据外泄是医疗健康产业中最关键的 3 个问题。BitHealth 致力于存储并且在全球范围内高效安全地传送医疗健康数据。

如果医疗健康数据在全球范围内传送的过程中因为网络故障而丢失，BitHealth 将会使用比特币区块链技术将其从世界各地任一节点恢复。即便是国际上类似于 BitTorrent 的 P2P 文件分享技术形式，如果出现数据问题，BitHealth 也可以从本地节点恢复数据。

BitHealth 研发的这项技术还可以运用在更多的场景里，包括减少保险费用和其他支出、解决数据复制、医疗记录分散化等问题。这项技术普及之后保险公司可以用以调取客户的医疗历史记录，医生可以用来调取和记录医疗信息，患者能够用来保护个人隐私数据等。

4. Philips

Philips 是全球范围内医疗健康领域的巨头。2016 年 3 月，Philips 宣布成立 Philips 区块链实验室，这是一个在阿姆斯特丹（Amsterdam）的区块链新兴技术研究和发展中心。Philips 网站上的声明称，他们的区块链项目已经研究了半年之久，这一项目致力于联合 IT 专家、医疗保健专家和区块链开发者对区块链技术在医疗健康领域中的应用继续进行研究。Philips 还表示，他们想要找合作者和开发者共同开展项目，并且在网站上提供了一个表单供用户订阅新闻及表明他们对此的兴趣。

Philips 的意思是他们非常看好区块链技术在医疗健康领域中的应用。Philips 实验室的创始人 Arno Laeven 说：“一家创新型公司只有持续探索新科技才有可能影响并且为应用领域带来价值。我们的目标是研究区块链技术是否能够开发医疗健康产业中数据交互过程的潜在价值。”

2016 年 6 月初，Philips 对外宣布已经和区块链数据记录初创公司 Tierion 达成合作，共同研究区块链技术在医疗健康领域中的应用。

5. DNA.Bits

DNA.Bits 致力于区块链密码学的研究，希望找到一种安全可靠并且匿名的方式来解决数据追踪、标签化、大数据、基因数据分享、健康数据交互引用及相关的医疗数据问题。DNA.Bits 认为：“人们对基因、健康及疾病相互作用的理解与未来的药学、药理学及预防医学方面的突破密切相关。因为每个人的基因组及生活方式都不同，这就导致相同的治疗方案在不同的人身上的影响也不同。”

6. Block Verify

Block Verify 是一家研究区块链防伪方案的服务商，提供包括真伪验证及帮助专家验证产品真伪在内的服务。区块链的公开透明使得产品无须品牌的信任支撑就能保证正品。而且公司还能够利用区块链技术登记他们的产品并监视供应链。

Block Verify 的真伪验证服务可以鉴别出来的产品有调换品、伪造品、被偷产品、虚假交易等。在医药行业中，Block Verify 的区块链技术能够通过供应链追踪确保消费者收到的是正品。

虽然区块链的概念是当前最火热的，但是其技术发展应用还处于初步阶段。作为未来数字社会的基础设施，区块链具有广阔的应用前景，但是不会在短时间内替代现有医疗秩序规则及信息化系统。为了推动区块链技术在医疗卫生行业及其他行业的发展与应用，区块链专家、IT 专家以及对区块链应用有深厚兴趣的人需要通力协作。

永久存储，信息不可篡改

2016 年 6 月 25 日，中国互联网金融（青岛）高峰论坛在青岛举行。安存科技旗下公司北京安金网络科技有限公司副总裁马成龙在论坛上发言中称："互联网金融领域之所以有这么多乱象发生，根源在于在互联网这个虚拟空间里，记录主体行为的载体变成了电子数据，很难追溯。"

中国最高法院发布的《关于适用〈中华人民共和国民事诉讼法〉的解释》对于电子数据是这样规定的："电子数据是指形成于或者存储于电子介质里的信息数据。"互联网行业涉及的电子数据主要是指电子协议、电子合同及电子支付凭证等。

很多电子数据都与用户的权益有关，因为这些电子数据可能记录着用户的投资项目、投资时间、投资金额、投资的收益回报等重要信息。当用户的权利受到侵害时，这些电子数据将成为用户证明自己权利核心资料。

然而，事情并没有这么简单。尽管电子数据作为证据具有法律效力，但在实际操作中，电子数据由平台保管，一旦发生利益纠纷，电子数据遭到摧毁或者篡改的可能性非常大。因此，用户想要使用真正具有效力的电子数据维权就变得很难。

例如，P2P 网贷平台理财邦就曾经将本应向投资人还款的时间全部延迟 15 个月。当投资人想要使用电子合同维权时，发现该平台已经私自在网站内修改双方的合同协议内容，并且私自添加了还款协议；另外，e 租宝网贷 P2P 平台跑路事件也闹得沸沸扬扬。在该平台被调查之后，投资人发现其网站、APP 已经无法打开，所有的电子数据都消失殆尽。在这种情况下，投资人无法取证，维权之路似乎难以走下去。

对此，马成龙称："这些鲜明的例子都在警惕互联网金融消费者，提高电子数据保全意识，用法律的武器保护自己是维护自身权益的根本之道。"

2014 年、2015 年及 2016 年的政府工作报告都提到了互联网金融，这在其他行业中是极少见的。然而，与 2014 年"互联网金融异军突起"及 2015 年"促进互联网金融健康发展"的表述相比，2016 年对互联网金融的表述为"规范发展互联网金融"。可以发现，政府已经把互联网规范放在第一位，"有保有压，优扶劣汰，严控风险"成为其鲜明主张。

在规范互联网金融发展的过程中，区块链将发挥重大作用。

首先，我们看 P2P 网贷行业。数据显示，在 2015 年倒闭跑路的 917 家 P2P 网贷平台中，90% 以上的平台都设立了资金池，由于内幕操作无法兑付而选择跑路。由于信息的不对称性，投资人根本无法知道平台是否设立资金池、资产是真是假及资金用途，而且更做不到一一考证。因此，当监管部门规定 P2P 平台只能充当信息中介，不能触碰资金的时候，就需要用上永久存储无法篡改数据的区块链技术。

其次，我们看票据业务领域。2016 年 1 月 22 日，中国农业银行北京分行保险柜中票据换报纸的新闻震惊了全国。当天，中国农业银行正式发布公告称："农行北京分行票据买入返售业务发生重大风险事件，经核查，涉及风险金额为 39.15 亿。本应存放在银行保险柜里的票据，却被某票据中介提前取出，与另外一家银行进行了回购贴现交易，但资金并未回到农行北京分行的账上，而是非法进入了股市，又由于近期 A 股下跌，导致巨额资金缺口无法兑付。"

事实上，票据业务领域的乱象不止于此。除了一票多卖等票据违规交易问题，票据业务领域还存在着克隆票、假票、变造票等现象。在这种情况下，市场急需一种更安全、更完善的票据交易模式，而区块链为这种模式提供了可能。

作为一种永久存储，信息不可篡改的分布式数据库，区块链由数以亿计的大量计算机节点共同维护。复杂的校验机制使得保存在区块链上的数据具有连续性和一致性，就算某些计算机作假篡改了数据也无法改变整个区块链的完整性。私钥签名和公钥验证交易内容全部正确后，数字货币就会在对应的账户地址间转移，而且保证准确无误。

因此，将区块链技术应用到 P2P 网贷领域及票据业务领域的电子数据存储上，将会彻底解决许多违法违规的问题。一个投资项目的发起到资金筹集，再到后期的偿还及一张票据从申请到发行，从交易到承兑，整个流程的关键信息都会记录在区块链上，谁都无法篡改。

一方面，这种模式将使得监管部门的查询变得非常容易。另一方面，数字货币的转移路径明确，这就使得 P2P 平台只能将投资人的资金用于规定的用途，最后回到投资人手里。而中国农业银行北京分行的票据即使被暗箱提取贴现交易，资金也只能回到中国农业银行北京分行的账上，第三方无法插手。

区块链技术是全球最热门的金融科技，而中国的互联网金融也需要依靠区块链技术崛起。当前，杭州复杂美区块链研究中心开发的基于以太坊区块链的票据交易所开源项目已经初步完成。该项目创造了区块链技术在中国互联网金融的初体验。永久存储、信息不可篡改的区块链将真正让违规金融行为无从隐藏！

太可笑，有人想要造假 920 亿个比特币

2016 年 3 月 22 日，一张冠字号码为 QA36414810 的 2015 年新版 100 元假币出现在浙江绍兴某银行并被工作人员收缴，这是新版百元假钞被金融机构收缴的首次案例。尽管新版 100 元人民币的防伪性超强，依然没有逃过制假者的罪恶之手。下面，大家一起看看新版 100 元真假币的辨别方法，如图 4-5 所示。

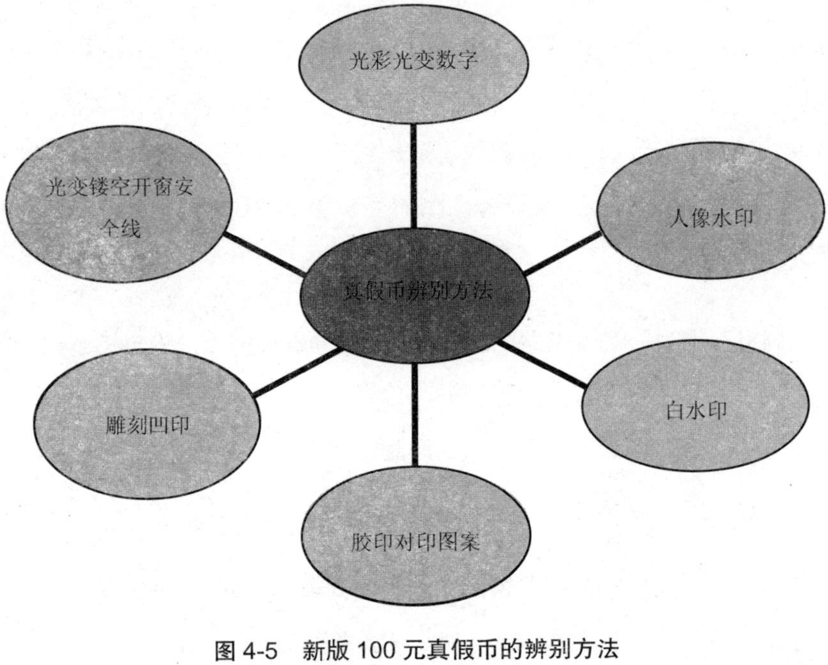

图 4-5 新版 100 元真假币的辨别方法

1. 光变镂空开窗安全线

光变镂空开窗安全线位于纸币票面正面右侧，如果垂直票面看，你会发现安全线是品红色的，但是如果平视观察，你会发现安全线变成绿色。另外，如果放在眼前透光观察，你会看到安全线中有一个正反交替排列的镂空文字“100 ￥”

如果你发现光变镂空开窗安全线明显是油墨印制的，垂直观察及平视、斜视都为品红色，不会出现绿色，而且安全线上也没有“100￥”字样，那么这一定是假币。

2. 光彩光变数字

光彩光变数字位于纸币票面正面中部，如果垂直票面看，数字整体呈现金色。如果平视观察，数字整体呈现绿色。随着观察角度发生变化，数字颜色会一直发生变化，但颜色保持在金色和绿色之间。另外，在数字上可以明显看到一条亮光上下滚动。如果你发现其光彩光变数字随着观察角度的变化始终保持棕色，没有色光带，那么可以判断其为假币。

3. 人像水印

人像水印位于纸币票面正面左侧空白处。放在眼前透光观察，可以看到清晰的毛泽东头像。假币透光可能看不到水印头像，就算能看到，其头像的眼睛、嘴及头发都与原头像不符。

4. 白水印

白水印位于纸币票面正面横号码下方。放在眼前透光观察，可以看到透光性很强的水印面额数字“100”，而假币的白水印平放时就显现出面额数字“100”。

5. 胶印对印图案

胶印对印位于纸币票面正面左下方和背面右上方，放在眼前透光观察，可以发现正背面面额数字“100”的局部图案组成了一个完整的面额数字“100”。相比之下，假币的胶印对印“100”数字，透光观察存在错位现象。

6. 雕刻凹印

纸币票面两面都有雕刻凹印，包括中国人民银行行名、国徽、毛泽东头像、右上角面额数字、盲文及背面人民大会堂等都使用了雕刻凹印印刷技术。雕刻凹印印刷使得触摸时形成凹凸感。假如中国人民银行行名、国徽、毛泽东头像、右上角面额数字、盲文及背面的人民大会堂触摸起来没有凹凸感，说明是假币。

假币这个问题，说起来必然是一堆让人伤心的故事……当一个人来到异地，在路边一个小型商店购买东西的时候，明明是好心为老板换零钱，结果却收到一张 100 元假钞，当真是对初来乍到的异乡人的一种打击。或许他会因此对这个城市失望，从而离开这里。

仔细想一想，被假币伤害过的人不止千千万万。我们一起看一个关于假币的段子：一个假币制造者不小心造出了一张 15 元的假币，他想到这张假币要报废时就觉得非常不甘。于是，带着 15 元的假币来到一个偏僻的山村，还特意找了一个老婆婆开的小卖部买了一瓶一元钱的矿泉水。拿着老婆婆给他找的 14 元，他高兴地回了家。到家之后，他迫不及待地把钱拿出来看，结果居然是两张 7 元的，他顿时傻了眼。

假币的出现并非偶然，早在几千年前，就有金匠试图在黄金里掺杂白银牟利。当时，叙古拉国王艾希罗想要做一顶金王冠，于是他将这个任务交给自己的金匠，并给他一块黄金。金冠做成后，国王不是很满意，总觉得金冠掺了假。然而金匠当面拿秤来称，结果重量与原来金块的重量是一样的。国王虽然找不到证据，但是他还是有些怀疑，于是把阿基米德叫来，要他来解决这个难题。

最后，阿基米德通过洗澡溢水得到灵感找到了解决金冠问题的办法：相同质量的相同物质放在装满水的桶里，溢出的水的体积应当是相同的。要想辨别金冠的真假，只需要将金冠放在水里，看溢出的水的体积是否与相同质量的金块溢出的水的体积相同。如果不同，则金冠掺假。

阿基米德用这种方法解决了金冠是否掺假之谜，使得金匠不得不低头承认自己确实在金冠里掺了假。假货会摧毁商家的信誉，能使人性泯灭，甚至可以导致国家灭亡。古希腊就是因为在银币中掺假，不断降低银币中银的含量最终失了民心、财政崩溃，才亡国的。

然而，比特币的出现让人们看到了新希望。严密的数学法则规定了比特币精准的内核，总量有限，而且不能造假。不能造假这个特点是非常珍贵的，例如，当我们确定所购买的东西绝对是正品的时候，我们不需要花费精力去验证真假，不用担心假货带来的各种困扰，这在很大程度上降低了人力物力成本。

科技进步总是在推动人类的文明，任何抗拒新生事物的人最后都会被社会淘汰。例如，行车记录仪大大减少了碰瓷现象的发生；而假币制造者遇到比特币，则是无路可走，只能改行。无法造假的比特币在一定程度上降低了人们为恶的可能性。

社会规则本就应这样，依靠科技进步淘汰那些居心叵测之人，而不是利用严刑峻法去震慑、追捕他们。毕竟只要有利益，总会有人愿意冒着生命危险行违法之事。

例如，在 2010 年 8 月 8 日的时候，有一个黑客想要造假 920 亿个比特币。比特币核心开发者 Jeff Garzik 在国际比特币社区（bitcointalk.org）称：“我们这里遇到了一个问题，这个区块的输出非常奇怪，这里面包含了 920 亿个‘比特币’，远比当前比特币的总数要多得多。”

原来，一个人发现了一种代码，想要创造大量比特币。而这个代码是一个非常简单的已知数据溢出错误漏洞，被称作“CVE-2010-5139（共同的脆弱性和风险）”。它是一个未知攻击点的一个闹剧，结束这个闹剧的过程就像在玩一个游戏，只要重新启动上次保存的进度就可以解决这个问题。而比特币社区只需要点击“取消”，就能回到黑客作乱之前的区块链，让 920 亿个“比特币”消失殆尽。

对于有人试图造假比特币这一问题，比特币的首席开发者 Wladimir Van Der Laan 说：“这是有史以来发生的最好笑的事情。”

你想匿名，这里可以实现

以区块链作为底层技术支持的数字货币都具有匿名性，下面我们以新兴数字货币 ZCash 为例，看区块链如何帮助我们实现匿名。

ZCash 的发明者及公司 CEO Zooko Wilcox 称："这款新型货币使用者的身份将在真正意义上难以识别，使其管理具有更强的保密性。"尽管比特币等数字货币都具有匿名性，但在现实生活中我们可以通过区块链的记录与追踪交易获知比特币的发送地点，从而定位到发送者。

ZCash 则改变了这种状况，ZCash 通过密码计算，即零知识证明（密码学术语，意思是在不让对方知道任何信息的条件下证明一件事）保证了用户在不泄露身份信息及执行金额的情况下进行交易，给了用户更多的控制权。

对此，ZCash 官网有如下说明："不同于比特币，Zcash 的交易完全对发送者、接受者及交易链中的其他信息保密。只有那些有权限者能够了解交易细节。使用者有完全的控制权自行决定是否赋予他人了解交易细节的权限。"

ZCash 的设想最早在 2014 年出现于 Zooko Wilcox 的一篇学术论文中。按照计划，ZCash 的开发工作非常顺利，并且取得了初步进展。当然，在形成完整的开放系统之前，Zooko Wilcox 还需要做很多工作。

为了进一步调试 ZCash 的开发和设计，ZCash 团队已经于 2016 年 7 月推出了 ZCash 测试版。同时，人们可以通过 ZCash 网站上"testnet"系统参与测试版的体验，提前使用这种当前没有价值但未来将有很大升值空间的货币。

以上讲了赋予使用者更大匿名性的数字货币——ZCash，下面我们一起看一个在以太坊区块链上发起的具有匿名性特征的项目。

2016 年 4 月，以太坊社区出现了这样一个项目，它是一个分布式组织，没有中心领导者。从理论上讲，只要有一台联网的计算机，任何人都可以创造它。很多观察员及以太坊社区成员都对其表示看好。

这个项目的名字为“The DAO”，是一种新型实体的分布式自治组织。截至 2016 年 5 月初，这个神秘的项目已经成功募集到价值 5 千万美元的以太币（ETH），在世界众筹金额排行榜上名列第二，仅次于游戏项目 Star Citizen（星际公民）。目前，The DAO 是支持以太坊相关项目的主要工具之一。

The DAO 相当于一个以太币流通枢纽，通过发售代币及投票权募集以太币，然后将募集到的以太币依据规则分给其他创业公司及项目。在 The DAO 项目发布时，Slock.it 区块链公司及 Mobotiq 共享式电动汽车网络构建公司已经被列为项目潜在的承包商。

与拥有指定管理结构的传统公司不一样，The DAO 的运作模式是集体投票。用以太币购买 The DAO 代币的人就是项目股东，他们收到的分红有可能包括以太币。以此为基础，The DAO 代币的持有者通过选举决定项目的监护人有哪些，而且监护人随时可能发生变化。目前，以太坊创始人 Vitalik Buterin 就在 The DAO 的监护人名单中。

然而，关于 The DAO 项目的确切起源，至今无人知晓。那些参与这一项目代码的贡献者们构成了一个错综复杂的关系网络。Slock.it 公司的联合创始人兼 CEO Christoph Jentzsch 是 The DAO 项目开源框架的创造者。据 Christoph Jentzsch 说：“没有人知道是谁发起了这个项目，包括我。当然，我们可以在区块链上看到这个地址，但是我们无法知道这个地址的拥有者是谁。与 The DAO 对话的唯一方式，就是提出意见，并进行表决。”

由此可知，区块链技术可以让数字货币的使用者及应用开发者实现真正的匿名。

第 5 章

区块链智能合约，机器式契约信任

如果我们无须耗费一番周折就能更新医嘱，降低抵押贷款的利率，并且保证客户不会不支付货款，那会是什么样子？这些应用及更多方便人们日常生活的应用都会因为智能合约而成为现实。区块链及数字货币的出现促使构建了机器式契约信任的智能合约逐步走向我们的现实生活。

为第三方中介信任付出的机会成本

大家先看两个机会成本的案例。

1. 一块土地本来可以种小麦获利 2 000 元，但是现在这块土地种大豆获利 1 800 元。那么种大豆的机会成本就是如果种小麦可以获得的收益，即 2 000 元。

2. 一家企业拥有 500 万元资金，如果投资房地产，企业可以获利 100 万元，但现在企业投资一家金属冶炼公司最后获利 40 万元。可见，投资这家金属冶炼公司的机会成本是 100 万元。

通过以上两个案例，我们可以知道，机会成本并不是实际的资金开支，而是指为了获得某样东西而放弃的另外一样东西的最大价值。机会成本不是只有企业经营者才需要懂的概念，任何一个在社会上生活的人都应当知道怎样做一件事是最有利的，怎样可以最大限度地获得经济效益，并且准确评价自己做一件事损失的机会成本。

在经济生活中，我们经常为第三方中介信任付出机会成本，这就与社会信任度的高低直接相关。社会信任度越高，效率就越高，我们付出的机会成本就越低；反之，信任降低，效率就会下降，而付出的机会成本就会上升。

下面我们看一个例子：美国“9 · 11”恐怖袭击事件发生之后，民众对飞行安全的信任度大幅降低。人们不再相信飞机的安全保障，极度担心自己的人身安全。事实上，任何事物都是有一定风险的，就算你每日每夜都不出门，依然有可能面临众多风险。只不过当时恐怖分子的袭击使得人们对恐怖袭击的恐惧增加，而认为飞行系统根本无法保障人们的人身安全。

为了让人们重新信任飞行系统，让民众对飞行系统更加放心，于是产生了信任的机会成本。以前人们坐飞机只需要提前一个小时到机场就可以快速办理登机，通过安检。在“9 · 11”事件之后，政府为了提高信任度，开始加强机场的安检，然而程序变得烦琐而严格。这种方式虽然使得人们重新信任飞机的飞行安全，但是在无形中消耗了更多时间。如果是国内航班，人们需要提前 2 小时到达机场；如果是国际航班，人们需要提前 2 ～ 4 小时到达机场。另外，人们需要缴纳的安全税也变得更多。

区块链技术让陌生人在不认识的基础上产生信任。作为一个分布式网络记账本，区块链上记录的信息在理论上是不会被伪造的，这一规律至今也没有被打破。

区块链是一种简单的基础技术，它由中心化的端对点、点对端转化为去中心化的点对点。这就使得区块链建立起独特优势，即降低了中心化的成本，不需要再为第三方中介信任付出机会成本。

大家应该都有过网购经历。用户在天猫或淘宝网购的时候，如果要完成一笔交易，需要提前将钱支付给阿里巴巴的支付宝第三方支付平台，支付宝充当了一个第三方中介机构，托管了用户的资金。当淘宝卖家看到用户已经将钱转移到第三方中介托管的时候就会发货。等到用户收到货后，可以通过确认收货的操作让第三方中介将自己之前托管给他们的资金转移给卖家。

这个方式的内部运营是烦琐而复杂的。出于建立信任的需要，用户必须在收到产品之前的几天就将钱交给第三方，而这一笔钱本来可以在这一段时间内为用户创造更多价值，这就使得用户付出了难以衡量的机会成本。如果用户不进行确认收货操作，卖家收到回款的速度会更慢，也在无形中付出了机会成本。而作为第三方中介却赚得盆满钵满，马云的崛起就是很好的证明。

区块链诞生的使命或许就是消灭这种中心化的系统。利用区块链技术，用户可以和卖家直接交易，通过计算机的程序实现物物相连的构想。

传统的第三方信托机构难以自证，其公信力已经越来越低。越来越多的人怀疑他们作弊。区块链的公开透明及数据不可篡改使得这种情况极大程度地改变，除非可以让全球 50% 以上的计算机都作假（非常不现实）。

区块链正在全球任何一个角落扎根发芽，如果你也想参加，那么不妨从区块链降低第三方中介信任的机会成本入手，看看是否可以创造具有实用性的区块链应用。

基于协商一致的规范和协议的区块链

2015 年 10 月，王思聪发微博称自己坐飞机时将钱包丢了，还专门提到各大银行各式各样的黑卡（高端信用卡）。紧接着，“黑卡”就火了，不仅成为一个热门词汇，被媒体争相报道，还成为一种身份的象征。

据信用卡达人王倩说，2016 年春节她为自己规划了一次旅行：在南方航空兑换的价值 1800 元的两张往返机票是用信用卡积分免费兑换来的；接送机是浦发银行 AE 白金卡免费赠送的服务；候机使用的是中信 AE 白金卡的 CIP（重要商务人士）服务，包含专人协助办登机牌、休息室、专用安检通道等服务；酒店享受的是白金会员的白金待遇。所有这一切，为王倩节省了将近 4 000 元。

众所周知，信用具有非常珍贵的价值。整个市场体系都是以信用为核心建立起来的。然而，信用机制的不完善为人们的生活带来了众多不便。

一方面，不是每个人都可以像王思聪一样轻松拥有各种高端信用卡。就连最普通的信用卡，一些人都无法获得。于是，各种提供虚假资料帮客户办理信用卡的业务出现，间接导致了社会乱象。

另一方面，信用的维持需要交易的不断累积，而每笔交易的过程都需要经过多个金融从业人员甚至几家金融公司的审核，手续繁杂，由此产生了巨额成本。

随着科技技术的不断进步，人们开始思考金融改革的必要性。解决传统金融市场程序复杂、程序拖沓、容错率低等问题刻不容缓。在这种情况下，区块链成为金融领域的明星，掀起讨论热潮。

在协商一致的规范和协议下，区块链系统使得人与人之间在去信任的环境下自由交易，并且完全替代了信用机制。因为机器是不需要怀疑的，任何人为的干预都没有用。

事实上，区块链这种协商一致的规范和协议是一套基于密码学原理的算法。规范和协议在区块链的层叠结构中是如何体现的，内容如图 5-1 所示。

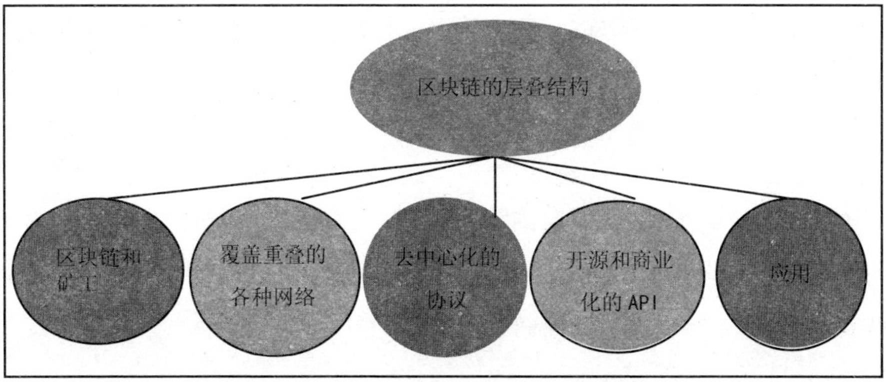

图 5-1 区块链的层叠结构中的规范和协议

1. 区块链和矿工

矿工作为组成整个网络的节点，承担着验证交易的职能。在每一笔交易中，根据所有节点协商一致的规范和协议，矿工将会得到比特币奖励。由于比特币在现实世界里是有价值的，所以矿工就有动力让机器保持运作。基于协商一致的规范和协议的区块链是由矿工来维持的，没有实体的独家控制者，对所有人开放。

2. 覆盖重叠的各种网络

随着区块链研究的深入，比特币区块链已经无法满足人们的全部需求。于是开发者创建了各种与比特币区块链平行的网络，通过它们完成比特币区块链做不了的事情。然而，无论这些网络使用什么形式来覆盖重叠，都需要与比特币区块链联系在一起。在这个过程中，那些平行网络利用比特币区块链给它们的工作加上了时间戳，从中获得了流动性的网络效应。

3. 去中心化的协议

Facebook 、Ebay 及 Uber 之所以成为自身领域的巨头公司，拥有巨大价值，是因为他们将用户数据集中在自己手里，并从交易中大量获益。区块链技术使得我们可以开发一套开源的、去中心化的协议，其内置数据是公开透明的，验证方式和交易体系也是协商一致的，而不需要一个实体去单独控制它。这就是区块链的颠覆意义，例如，区块链可以创建一个共有的任何人都能用的去中心化的数据集合，并且支持以比特币为基础的 P2P 交易。

事实上，很多具有先见之明的团队都正在这么做，他们通过创造新型的公共认可的协议和规范有可能将以上那些巨头公司击败，如实时拼车协议 Lazooz、免费的去中心化 P2P 交易 OpenBazaar 协议。

4. 开源和商业化的 API

基于区块链创建开源和商业化的 API（应用程序编程接口）正发展成为一种未来趋势。 http://chain.com 的 API、Coinbase 的开源节点工具 Toshi 都具有相同的目标，不过 http://chain.com 提供的是商业服务，而 Toshi 是开源的。

5. 应用

区块链应用与我们当前的应用具有相同的目的，就像 Coinbase 和 PayPal

的运作方式相似。但对用户来说，最大的区别就是区块链应用建立在协商一致的规范和协议的基础上，所有的区块链应用都可以实现对接，就像不同的 Email 应用和比特币钱包可以交互操作一样。

区块链的层级结构从底部逐渐向上成长，而协商一致的规范和协议就是其基础。最初，我们只有矿工、区块链和比特币，而现在我们已经将眼光扩展向各个领域的区块链应用。技术领域中最重要的变革几乎都是通过这种方式实现的。

数据交互是无须信任的

互联网将全世界的人们紧密联系在一起，随之而来的就是巨大的信任问题，包括国家与国家、个人与个人。现存的第三方中介组织的技术架构都是私密而且中心化的，这种模式永远都无法从根本上解决互信及价值转移的问题。因此，区块链技术将会利用去中心化的数据库架构完成数据交互信任背书，实现全球互信的一大跨步。

数字货币不是区块链最重要的价值体现，区块链真正的意义在于探索如何在信息不对称、环境未知的情况下建立一个满足人们经济活动需求的信任生态体系。这个问题被称为“拜占庭将军问题”，是由著名计算机科学家莱斯利·兰伯特（Leslie Lamport）提出的点对点通信中的基本问题，也可称为“两军问题”或者“拜占庭容错”。

拜占庭将军问题是一个在分布式系统中进行数据交互时面临的难题，也就是说在整个网络中的分布式节点之间都没有信任度的情况下，如何操作才能保证信息交互的安全性而且不用担心数据被篡改。区块链比特币使用的算法完成了这一挑战，使得系统中所有节点在无须信任的条件下自动安全地交换数据。

下面，我们用通俗的表述帮助大家理解比特币算法是如何解决拜占庭将军问题的。

在 5 ~ 15 世纪，拜占庭就是当时的东罗马帝国（现在土耳其的伊斯坦布尔）。我们可以想象，拜占庭军队有许多分支，驻守在敌人城外随时准备进攻，每一个分支都有各自的将军，而且将军之间通信和协调统计进攻时间的唯一途径是通过骑马在他们之间传递信息。敌人的防御比较强大，任何一个分支的单独入侵行动都会失败，而且入侵的分支还会被歼灭。因此，只有一半以上的分支同时进攻才能成功占领敌人的城池。

在观察敌情以后，将军们需要制订出一个统一的进攻计划，即确定出在哪一天哪一时刻进攻。然而，大家都知道将军中存在叛徒，他们的任务就是破坏忠诚将军们的进攻计划，使他们的进攻不能达成一致。这样，只要进攻时的军队分支少于一半，敌人就会胜利，叛徒的目的就达到了。这是一个由互不信任的各方构成的网络，但是他们需要完成一个共同使命（除叛徒以外）。

然而，所有的统治者及将领都不互相信任，他们认为只有在自己的城堡及军队范围内才能保障自己的生命安全，所以将军们不会聚集到一起开会。他们只能派信使去传递信息（在任意时间以任意频率派出任意数量的信使到任意对方），内容如下：“我将在第 X 天的第 X 点进攻，你同意吗？”

如果收到信息的将军同意了，他就会在原信上附上一份盖章验证的回应，然后把合并之后的信息复制再次发送给其余的将军们，要求他们也这样做。他们的目标就是通过原始信息的积累使得最后的信息链盖上他们所有将军的图章，在时间上达成共识。

问题出现在这里，假设有 5 位将军，每个将军向其他 4 位将军派出一名信使，那么就是 5 位将军每人派出了 4 名信使，而在任意时间内有总计 20 次的传输，并且每个将军分别收到 4 个信息，可能每一封信的进攻时间都不同。另外，部分叛变的将军还会同意超过一位以上将军的攻击时间，然后重新广播超过一条的信息链。于是，这个系统迅速演变成一个信息虚假和攻击时间相互矛盾的纠结体。

区块链轻而易举地解决了这一问题，它为信息发送加入了成本，降低了信息传递的速率，而且加入了一个随机元素使得在一定时间内只有一个将军可以广播信息。这里所说的成本就是区块链系统中基于随机哈希算法的“工作量证明”。哈希算法所做的事情就是计算获得的输入，得到遗传 64 位的随机数字和字母的字符串。

区块链系统计算的输入数据是指节点发送的当前时间点的整个总账。当前计算机的算力使其可以实时计算出单个哈希值，但是区块链系统只接受前 13 个字符是 0 的哈希值结果作为“工作量证明”。而前 13 个字符是 0 的哈希值是非常罕见的，需要整个网络花费 10 分钟的时间才在数以亿计的数据中找到一个。在一个有效的哈希值被计算出来之前，网络中已经生产了无数个无效值，这就是降低信息传递速率并使得整个系统成功运行的“工作量证明”。

在拜占庭将军问题中，第一个广播信息的将军就是第一个发现有效哈希值的计算机，只要其他将军接收到并验证通过了这个有效哈希值和附着在上面的信息，他们就只能使用新的信息更新他们的总账复制，然后重新计算哈希值。下一个计算出有效哈希值的将军就可以将自己再次更新的信息附着在有效哈希值上广播给大家。然后哈希计算竞赛从一个新的开始点重新开始。由于网络信息的持续同步，所有网络上的计算机都使用着同一版本的总账。

比特币区块链系统找到有效哈希值的时间间隔为 10 分钟，这是算法设置好的。算法难度每隔两周调整一次就是为了保证这 10 分钟的间隔，不能多也不能少。每隔 10 分钟，总账的信息就会在区块链更新并在全网同步一次，因此分散的交易记录是在所有网络上的计算机之间进行对账和同步的。

当个人用户在区块链系统发起一笔交易的时候，他们会使用私钥和公钥为这笔交易签名，而内嵌在比特币系统的标准公钥则承担了加密工具的角色，对应在拜占庭将军问题中，加密工具就是用于签名和验证消息的印章。

因此，哈希算法对信息传递速率的限制加上加密工具使得区块链构成了一个无须信任的数据交互系统。在区块链上，一系列的交易、时间约定、域名记录、政治投票系统或者任何其他需要建立分布式协议的地方，参与者都可以达成一致。图 5-2 所示为需要建立分布式协议的 4 个领域。

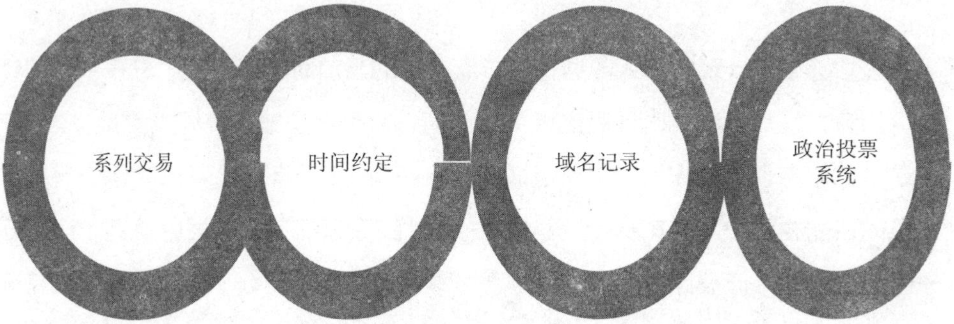

图 5-2　需要建立分布式协议的领域

区块链是对于拜占庭将军问题的解决方案，而且可以推广开来。那些核心问题是在分布式网络上缺乏信任的领域都可以通过区块链得到解决。例如，互联网领域的专家们正在试图为互联网创造一个分布式的域名系统；服务于政治选举建设的分布式投票系统也处于研发中。如果人们认为互联网云分享搅乱了这个世界，那么比特币区块链提供的解决方案则打开了洪水的闸门。

我们这一代人是非常幸运的，因为我们见证了区块链的发展，而且很有可能会经历人类历史最重大的两个变革：一是区块链技术使得地球上的所有人和所有机器在无须信任的条件下展开空前的大规模协作；二是基于区块链的真正的人工智能将会诞生。一旦事情变成现实，全球的经济发展模式将会有重大改变，创业者、科学家、企业家及各行各业的极客们将会利用最好的技术为我们创造出最快乐的人生体验。

看涨期权的智能合约

看涨期权的意思是在合约规定的有效时间内，期权持有者按照规定价格和数量购进相应标的物的权利。期权持有者之所以购买这种期权，是因为他对标的物的价格看涨，可以在未来获利。

购买看涨期权后，如果标的物的市价高于合约规定的价格与期权费用之和时（不包括佣金），期权持有者就可以按照合约规定的价格和数量购买股票，然后按照市价出售或者转让买进的期权，获取利润；如果标的物的市价高于合约规定的价格，但是低于合约规定的价格与期权费用之和，那么期权持有者将会损失一部分期权费用；如果股票市价低于合约规定的价格时，那么期权持有者将会损失全部的期权费用，并且失去买进期权的权利。综上，期权持有者购买期权的最大损失为期权费用加佣金。

例如，你认为黄豆会在一个月后涨价到每千克 6 元，于是你就花费 100 元买入一吨黄豆看涨期权拥有一个月后以每千克 4 元买入一吨黄豆的权利。一个月后，黄豆如果涨到了每千克 6.1 元，于是你就可以执行期权以每千克 4 元买入一吨，然后按照市价卖出获利；如果黄豆的价格在 6 元 ~ 6.1 元之间波动，你的损失会低于 100 元；如果黄豆跌到了 4 元以下，那么你就放弃执行期权，损失全部期权费，即 100 元。看跌期权也是相同的道理。

在“看涨期权的智能合约”语境下，“智能合约”的狭义理解是用代码代替合约方的传统合同。传统合同用自然语言起草，而“智能合约”的条款是利用计算机代码表述，类似于 java 或 HTML 的编程语言。然后由计算机执行合同并按照协议条款和一系列定义型输入，自动执行各项条款。

美国著名的计算机科学家尼克 · 萨博（Nick Szabo）在 1997 年的文章“The Idea of Smart Contracts”中首先提到了“智能合约”的概念。他说：“智能合约最简单的形式是售卖机，是收到一定的定义型输入（如 1 美元）之后进行商品所有权转移的机械设备。由于机器可以通过内部程序设置自行控制财产，所以可以执行智能合约条款。”

为了进一步普及这一概念，尼克·萨博指出：“计算机代码可以代替机械设备，进行更复杂的数字财产交易；智能合约不是进行实物商品的所有权转移，而是转移实物资产、股权和知识产权。这个程序会定义合约执行需要的‘输入’，例如支付、董事会投票或其他任何可以用代码表示的东西。”

以一个简单的智能期权合约为例，B 从 A 处购买了智能期权合约，这个合约就使 B 可以用每股 50 美元的价格购买 A 在某公司的 1 000 份股票。这个合约规定了期限，到期后 B 就不能再以定义的“行使价”购买股份。

智能期权合约定义的相关条款包括合约相关资产、合约方身份、行使价、合同有效期等。合约到期以前，智能期权合约的“exercise”功能将会自动执行持有人以行使价购买股份的行为。首先，“exercise”功能会检查发起交易者是否是合约股票的持有人，然后检查当前是否依旧是合约有效期。如果两者检查均通过，合同会立即执行，系统户根据合约条款将现金从持有人一方转移到卖家一方，而将股票资产转移给持有人。

到目前为止，智能合约仍然是理论，还没有真正地运用到现实世界里。智能合约的应用有两大难题。

第一，智能合约难以把控实物资产保证合约的有效执行。以售货机为例，售货机通过将商品保存在内部硬件中严控财产所有权，但是代码应当怎么做呢？在智能期权合约中，“exercise”功能需要在合约双方之间转移现金和股份资产，但是计算机程序要怎么控制现实世界的现金、股份等资产呢？

第二，智能合约难以获得合约双方的信任。对于合约代码及解释和执行代码的计算机，合约双方需要有一个共享的标准，可以验证计算机是否有问题。

区块链技术的诞生解决了智能合约的两大难题，让智能合约在真正意义上实现了智能。现在，我们所说的智能条约是指任何区块链上运行的程序或脚本。区块链在智能合约领域的应用将会颠覆传统商业和金融协议。

由于区块链上的总账数据是公开透明的，而且数据更新会实时记录在总账里，所以关于现实世界里的财产所有权真实记录只有一个，有效地防止了之前一直泛滥的资产双重支付问题。区块链的加密算法及数据不可更改性使交易双方坚信，他们的财产所有权的记录会一直保存完好。这样，区块链为完成数字化资产的记录和转移奠定了基础。

尽管区块链技术发展处于初期，但是人们都相信区块链可以作为安全的数字资产交易平台，解决智能合约面临的两大难题，其解决方法如图 5-3 所示。

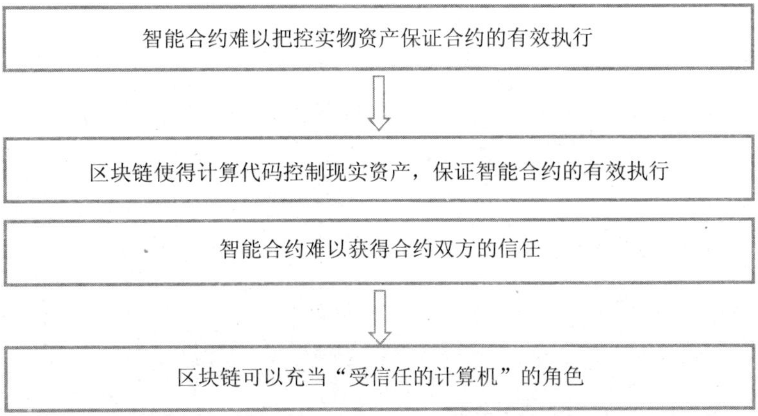

图 5-3　区块链解决智能合约面临的两大难题

第一，区块链使得计算代码控制现实资产，保证智能合约的有效执行。区块链数字货币可以使现实资产转化为计算机代码，从而控制现实中的资产。在区块链上，资产的控制不需要控制实物，而是控制资产对应的密钥。因此，在上述案例中，期权智能合约就可以控制合约相关资产，而不需要代管机构。一旦启动“exercise”功能，代码执行就可以完成资产转移，无须人力参与。

第二，区块链可以充当“受信任的计算机”的角色。区块链的功能不仅限于数据库，还是可以记录资产所有权及执行代码的分布式计算机。期权持有者可以将购买的期权上传并存储在区块链中，然后根据指令执行。区块链这一优势同样适用于执行智能合约。一旦区块链记录了合约代码，合约方就可以确定合约不会被更改。

区块链智能合约离我们的生活并不遥远。证券交易所、银行及其他金融机构都在积极研究开发区块链相关应用，希望可以实现利用区块链技术记录和交易现实资产的功能。

区块链创业公司 Chain 正在和纳斯达克证券交易所合作开发和测试私人市场的期权交易平台；以太坊开源区块链正在致力于成为打破传统中心化商业的基石；由 40 多家银行组成的区块链联盟和区块链公司 R3 正在合作研发区块链行业共享平台，推动金融合约的变革。

在未来 10 年里，大家或许有幸看到区块链网络真正实现数字化资产的交易，而且由代码自动执行交易条款。利用区块链技术记录和交易数字资产的应用还在研发中，这一应用不限于金融合约，其潜在应用还会继续增加。

目前，通过区块链技术实现智能合约还只能出现在科幻电影里，但是这是人类第一次发现可以实现智能合约商业用途的技术。

有了区块链，选举更安全

2016 年 6 月，加拿大 NDI 科技公司联合 New America 和 BitFury 集团推出了区块链试行应用——区块链信任加速器（Blockchain Trust Accelerator）。这一应用的意义在于可以连接政府、科技人员和资源来改善治理问题。

对于民主制度来说，身份信息、选票及社会服务等资产都可以被区块链安全且永久地保存。区块链对加强民主问责制的重大意义已经引起世界各国的关注和重视。例如，区块链信任加速器项目的试行已经于 2016 年 4 月份在格鲁吉亚共和国推出。而且，格鲁吉亚共和国政府正在和 BitFury 集团合作创建一种基于区块链的土地所有权数据库。

关于区块链在民主制度方面的应用实验已经在更多的地方出现，其中，区块链在投票选举领域的应用是区块链发展的一个历史性标志。如图 5-4 所示。

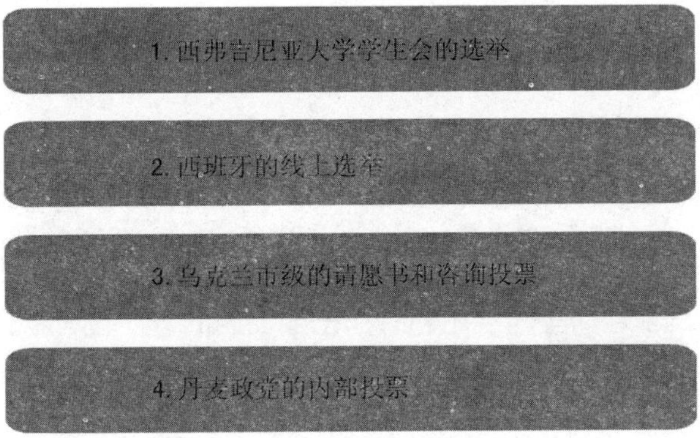

图 5-4　区块链在投票选举领域的应用

1. 西弗吉尼亚大学学生会的选举

2016 年 1 月，美国西弗吉尼亚大学学生政府协会（SGA）决定下一次学生会的选举将会使用区块链平台。学生们只需要使用智能手机就能参与投票，由于整个选举数据都存储于区块链的公共账本上，所以保证了投票的安全性。一个倡导这种新方式的学生说，“不论是系统的编码人、学校的管理者还是学生，谁都无法更改或是删除投票票数。”

2. 西班牙的线上选举

西班牙政府已经研究出使用区块链加密技术的投票软件 Agora Voting，这一软件如果应用成功，将会增强线上选举的安全性。目前，Agora Voting 的部分系统已经在西班牙国内进行测试。项目领导人说：“虽然还没有到测试的最好时机，但是区块链技术和比特币可以适应选举系统的使用要求。”

3. 乌克兰市级的请愿书和咨询投票

在乌克兰，政府正在研究用于市级请愿书和咨询投票的区块链选举平台。

4. 丹麦政党的内部投票

丹麦的一个政党已经成功利用区块链软件来进行内部投票，并且对其效果表示满意。

Smartmatic 是一家研究区块链投票技术的公司，总部位于英国伦敦。截至 2016 年 6 月，Smartmatic 已经在美国、比利时、巴西、菲律宾等 8 个国家开展了相关业务，其中包括美国、比利时、巴西在内的 6 个国家都使用了该公司的投票技术。

2016 年 3 月，美国犹他州共和党网上投票就使用了该公司的区块链投票技术。直到现在，美国的海外公民依然通过快递邮寄的方式进行选举投票，而这种方式的安全性完全没有保证。大家设想一下，如果将区块链技术正式应用到网上投票，那么无论是海外公民还是国内公民，都可以非常安全地进行网上投票。

在美国，犹他州是第一个使用区块链技术选举共和党总统候选人的州。犹他州的共和党选民都没有去投票站进行投票，他们只是坐在电脑前就轻松完成了网上投票。区块链投票技术突破了地域的限制，使得选民不管身处世界哪一个角落都可以利用网络进行投票。

Smartmatic 研究出的区块链投票技术使得投票过程变得非常简单。选民们只需要登录当地政府网站进行注册，等到选民身份被确认之后，会收到系统发过来的一个密钥。这个网络中的密钥就相当于现实中的选票。在投票过程中，选民只要进入这个特殊的密钥，就能对自己中意的人选进行投票。

投票页面不仅有投票选项，还有候选人的相关信息。如果选民没有提前决定好准备投票的候选人，就可以在投票页面上一一查看候选人信息。另外，如果选民难以抉择，不知道要投给谁，可以先不提交。只要在有效时间内，选民可以随时更改他们的选票。

区块链技术的应用范围正在逐渐包围人们，扩散至人们生活中的各个方面。有关将区块链技术应用到投票选举中的议论一直都在继续，当然现阶段的区块链投票技术还只是处于理论或实验阶段。随着各个国家在这一领域的加紧探索，区块链投票技术的应用很快就会成为现实。

摇滚乐队将新单曲版权编进区块链

音乐产业正在发生巨变，尽管我们还无法断言最终结果是怎样的。关于音乐产业中大企业对音乐艺术家的欺诈和压迫，音乐艺术家们维护自己权利的立场已经越来越坚定。

2014 年 11 月，泰勒 · 斯威夫特（Taylor Swift) 在发布新专辑《1989》的同一周宣布，从 Spotify（全球最大的正版流媒体音乐服务平台）撤除其个人的所有音乐作品，理由是几乎免费的歌曲完全不能凸显音乐的真正意义。

随后，在 2014 年底，泰勒 · 斯威夫特向苹果公司 CEO 蒂姆 · 库克（Tim Cook）写了一封公开信，批评苹果为用户提供 3 个月免费试用其流媒体服务，但是却没有为音乐艺术家们做出任何补偿。泰勒 · 斯威夫特的公开信的确影响了苹果的计划，在苹果公司高级副总裁 Eddy Cue 在微博中说："AppleMusic 将会向音乐艺术家们支付费用，即使是在用户的免费试用阶段。"

事实上，泰勒 · 斯威夫特并不是第一个反抗 Spotify 的人。英国牛津乐队 Radiohead 的主唱汤姆 · 约克（Thom Yorke）早在 2013 年就曾在 Spotify 下架自己的专辑。这些歌手抵制 Spotify 的原因都是相同的，就是 Spotify 无法为自己的音乐创造价值。在音乐流媒体服务的竞争之下，实体唱片业和数字音乐的销量都非常惨淡，《福布斯》甚至悲观地指出：“《1989》或许将成为最后一张白金唱片。”

著名音乐人 Bono 争辩道：“与其对抗音乐流媒体平台，音乐艺术家们还不如争取更多的透明度。”关于 Bono 所说的问题，或许区块链技术可以解决。

英国歌手和作词作曲家伊莫金 · 希普（Imogen Heap）认为：“区块链技术有可能为当前音乐产业面临的困境提供一种解决方案。音乐艺术家们不应该把歌曲放在多个地方，而是应该把单个认证过的歌曲或者专辑版本上传到区块链上，并且让听众从这里进行下载。”持有类似观点的还有 Ujo 的菲尔 · 巴里（Phil Barry），他说：“我希望艺术家们能够抓住区块链的机会，让我们终结音乐产业，最终让市场直接奖励那些创造伟大内容的人们。”

伊莫金 · 希普、菲尔 · 巴里的畅想正在成为现实。据中国香港全球音乐榜单、趋势及创新的行业巨头 Billboard 报道，目前有多家公司及机构正在研究利用区块链智能合同解决音乐版权问题，让音乐艺术家可以直接收到用户的付款。下面，大家一起看 5 个基于区块链技术解决音乐行业问题的项目，如图 5-5 所示。

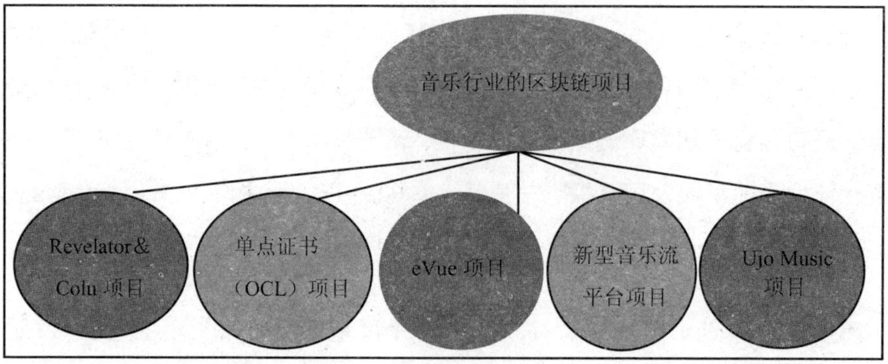

图 5-5　5 个基于区块链技术解决音乐行业问题的项目

1. Revelator & Colu 项目

Revelator & Colu 项目是由独立音乐供应商 Revelator 和比特币区块链技术平台 Colu 合作研发的，可以解决音乐产业透明度问题。Revelator 独立音乐供应商基于云服务提供销售和市场工具，他们一直坚信音乐产业最大问题——透明度问题是可以解决的。于是，2015 年 8 月，该公司宣布与比特币区块链技术平台 Colu 达成合作关系，共同开发权限管理的 API，使得客户可以安全地发行数字资产，包括登记和注册音乐作品。这一工具将会为音乐产业提供更多的透明度和效率。

2. 单点证书（OCL）项目

单点证书（One Click Licence）项目是由 Rupert Hine 和 Alan Graham 联手打造的项目。单点证书是一个基于区块链技术的链接技术平台，为用户和版权所有者提供了一个技术性和基础性桥梁。单点证书同时结合了中心化和去中心化系统的最优解决方案，还利用了区块链一些没有被开发过的潜力，致力于研究版权问题的整套解决方案，使得每个人都能在该平台上获得最好的用户体验，并帮助版权所有者有所发展。

3. eVue 项目

2016 年 1 月，eVue 项目上市，专门解决音乐产业数字版权管理问题，提供解决方案。eVue 项目的开发者 Bryce 刚刚 40 岁，是金融科技领域多年的从业者，一直致力于比特币研究。在进入金融科技领域之前，Bryce 是一位音乐节目主持人。2013 年，Bryce 的公司 permissionless blockchain 正式上市。

据 Bryce 称："eVue 区块链应用将音乐行业从业者自己的知识、人际关系和经验结合起来去开发唱片工业协会（RIAA）所需要的解决方案，不仅会为现存的商业利益服务，还会为独立艺术家们提供平等的竞争平台。"

利用 eVue 的认证系统，用户可以获得“终生”身份证明，即通过系统追踪自己一生中购买过的所有音乐作品。另外，eVue 还会创新性地使用跨平台解决方案认证用户的唯一身份。按照 Bryce 的说法就是“当你购买唱片时，你不需要因为有了新的电唱机而重复购买。因为 eVue 会把这个理念融入数字内容中去”。

4. 新型音乐流平台项目

初创公司 PeerTracks 试图打造一个新型的音乐流平台，为用户和音乐艺术家提供一个没有第三方中介的互动平台。在这个平台上，用户将通过直接付款购买音乐艺术家的歌曲。PeerTracks 还希望利用这个音乐流平台为用户和音乐艺术家创造更多的互动。

5. Ujo Music 项目

Ujo Music 是一个重建音乐行业的项目，由企业家 Phil Barry 领头。与 PeerTracks 打造新型的音乐流平台的目的一样，Ujo Music 也希望可以解决流媒体音乐付费问题。除了流媒体音乐，Phil Barry 还想要利用区块链智能合同作为歌曲清单的管理者，使得 Ujo Music 能够自动把歌曲背后的音乐艺术家和创作者分类。

伊莫金 · 希普表示：“音乐艺术家正在处于一个历史中伟大的变革时刻，伟大的革命将会让音乐艺术家们在更大的范围内掌控自己的音乐和他们想表达的内容，这就是区块链。”

Ralf Muller 创建的 22HERTZ 乐队是一支加拿大多伦多的工业摇滚乐队。22HERTZ 乐队将最新创作出来的单曲用编码的形式编进区块链中，成为利用区块链技术提升在线音乐分享公平性的首批试验者。新单曲首先被打乱成散列，然后被附加到了 OP_RETURN 功能（允许数据传递到区块链中的标准化功能）中。在 22HERTZ 乐队之后，越来越多的音乐人选择这种方法维护自己的权益。

中国区块链开发与应用公司 OKLink 的发言人指出：“与艺术家相关的一场革命即将到来，这就是基于区块链的智能合约，它能够改变业内人士和数据交互的方式。未来，区块链在艺术产业的应用需要解决的问题还有很多，例如支付。”除了音乐行业之外，区块链还将催生出更多的平台和服务，为人们的生存提供公平交易的环境，让人们的生活变得丰富多彩。

可以用区块链保存遗嘱的 Blockchain Apparatus

智能合约意味着区块链应用远不止比特币交易这么简单，更多的指令将会通过区块链智能合约来执行。由于智能合约完全是由代码定义和执行的，所以实现了完全自动而且人工无法干预。智能合约的 3 个特点决定了这种操作方式，如图 5-6 所示。

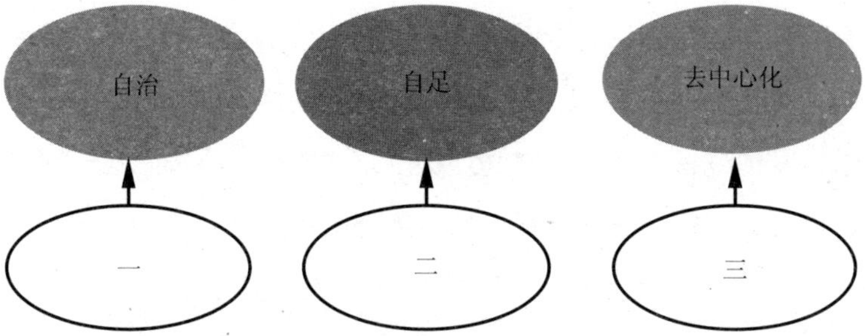

图 5-6　智能合约的 3 个特点

第一，自治是指合约一旦开始启动就会自动执行整个过程，而包括发起人在内的所有人都没有能力进行任何的干预。

第二，自足是指智能合约通过加强服务或者发行资产的方式来获取资金。

第三，去中心化是指智能合约的运行系统是分布式的，没有中心化的服务器，而且通过网络节点自动运行。

本章第四节提到过，科学家尼克·萨博认为自动售卖机是智能合约最简单的形式。两者的道理确实相同，使用自动售卖机购买商品，只要放入钱，选择商品，商品就会自动掉出，相同的操作会得到相同的结果。智能合约也一样，只要有预先设定好的代码，它会一直按照代码来执行，相同的代码执行结果永远都一样。

在商业领域，信任使得很多问题执行起来变得异常复杂，而智能合约在最小化信任的基础上让事情更加便捷，因为高效的全自动执行系统替代了低效的人工判断机制。

股票交易所如果使用智能合约，只需要设定好触发机制，就可以实现当股票到达某个价格的时候自动执行买卖。众筹平台如果使用智能合约，可以利用智能合约跟踪募资过程，实现当众筹目标达成的时候自动将投资人的投资转移到发起人账户的功能。另外，众筹发起人的预算、众筹金额的流向都可以被跟踪和审计，使得众筹变得非常透明，有利于投资人的权益保护。

智能合约还可以用来制定医嘱。下面，我们一起看一份智能遗产合约：“如果祖父去世，其孙子在年满 18 岁后就可以获得其财产。”这个交易事件需要到未来某个事件发生或者未来某个时间点被触发才能执行合同。第一个条件是祖父去世，系统首先会扫描一份在线死亡数据库证明祖父已经去世；第二个条件是其孙子年满 18 岁，当智能合约确认了死亡信息，程序就会设置一个交易日期，当其孙子年满 18 岁后就自动发送财产到其孙子名下。

区块链智能合约在遗产管理方面的应用已经被某些公司关注，如 Blockchain Apparatus。Blockchain Apparatus 是美国 Blockchain Technologies Corp 集团启动的数个创业公司之一。该公司致力于研究基于区块链技术的新应用，目前从事一些法律领域的研究，为法律服务行业提供新发展。

截至 2016 年 7 月，Blockchain Apparatus 已经开发了一些区块链投票创新应用，并且开始研究执行医嘱的区块链智能合约。将遗嘱管理交给软件来运行，无须人为控制，这在历史上第一次有可能实现，而且这一创新应用必将在未来改变人们管理自己财产的方式。

Blockchain Technologies Corp 的法律顾问成员艾瑞克 · 迪克逊（Eric Dixon）认为："智能遗嘱以及更广泛的智能合约文件击中了大部分家庭和法院诉讼代理人的心。它在一个可定义且固定的时间内为立遗嘱人的真实意愿提供了更有力的证据。"

到目前为止，大多数关于遗嘱的诉讼案件都与遗嘱的真实性无法保证这个问题有关。另外，还有一些问题是由于遗嘱的表述模棱两可或者无法处理导致的对一份遗嘱的解读有分歧。

艾瑞克 · 迪克逊强调说："区块链智能遗嘱可以做的是保证遗嘱的真实性、排除伪造的可能性、使遗嘱的维护变得更容易、使法院获得事实的速度加快。"

区块链技术允许遗嘱修改，每次修改存储在其原始状态，而不需要经过繁杂的法律程序。艾瑞克 · 迪克逊解释说："区块链技术保留了文件创作和提交到区块链的记录，使遗嘱的存在更容易得到证明。你不用再去猜测一份遗嘱到底是 5 年还是 10 年前签订的，因为区块链将会给你更真实、更好的证据。"

区块链安全存储任意信息及改善不可信任系统的能力可以用来管理资产、金融事务及人们的社会关系和日常生活等。智能遗嘱只是一个开始，Blockchain Apparatus 还会努力改变政府、企业及个人管理文件的方式。

智能合约有着广泛的应用领域，但产业化之路一定还有很长。我们将见证区块链智能合约的迅猛发展，大家拭目以待吧！

第 6 章

金融业先接受区块链的洗礼

区块链受到了金融行业的高度关注，富国、花旗、汇丰、法国巴黎等世界各大银行机构纷纷聚焦区块链，建立自己的区块链研究中心。中国这个全球第二经济大国也不甘落后，2016 年 4 月 19 日，中证机构间报价系统股份有限公司等 11 家金融机构联合发起区块链联盟——中国分布式总账基础协议联盟（China Ledger 联盟）。世界经济论坛更是大胆预测，到 2027 年的时候，世界各国的国内生产总值（GDP）将有 10% 以上被存储在区块链上。

为什么是金融业

互联网金融产品的 4 类形态

在谈区块链对金融业的洗礼之前，我们先看看互联网金融的产品形态。当前互联网金融的产品形态多种多样，下面从 4 个角度进行分类，如图 6–1 所示。

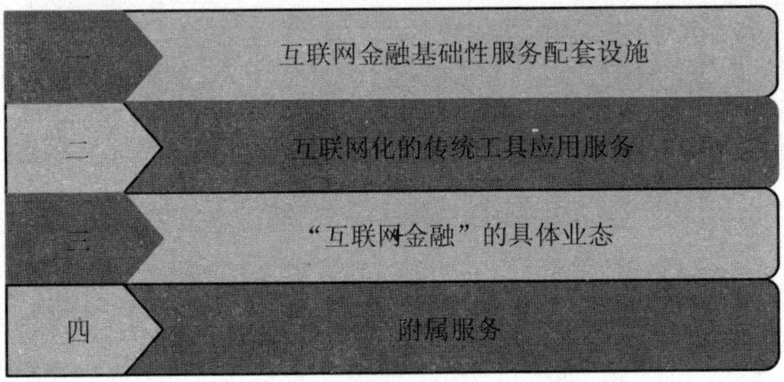

图 6-1　4 类互联网金融产品形态

（1）互联网金融基础性服务配套设施

互联网金融发展的基础性服务配套设施主要包括以大数据为核心的营销、征信、风控系统，以阿里云为代表的云服务和云计算系统，以及以网络支付为代表的第三方支付系统。

（2）互联网化的传统工具应用服务

互联网化的传统工具应用服务主要包括供应链金融系统、网络借贷系统、小贷系统、众筹系统、三方支付系统、理财超市系统、大宗商品交易系统、股指期货系统、贵金属实盘系统、财经数据系统、在线博彩系统等。

（3）“互联网 + 金融”的具体业态

“互联网 + 金融”的具体业态包括互联网 + 银行、互联网 + 基金、互联网 + 券商、互联网 + 基金、互联网 + 保险等借助互联网开展的新形态。

（4）附属服务

互联网金融附属服务包括应用安全检测方面、金融信息安全方面、门户咨询、不良资产处置、咨询服务、法律、资产评估、会计事务所、审计、信用评级、公证与工商金融资质代办服务等。

然而，这些都是现在的金融形态，以比特币为代表的虚拟货币及其底层技术区块链才真正涉及未来金融。区块链技术从根本上解决了与人类社会经济发展直接相关的信任难题，被人们称为“互联网世界的理想国”。可以说，区块链第一次在真正意义上实现了信息和价值的完整传递。

接受区块链的原因

金融业拥抱区块链，接受区块链的洗礼是有原因的，如图 6-2 所示。

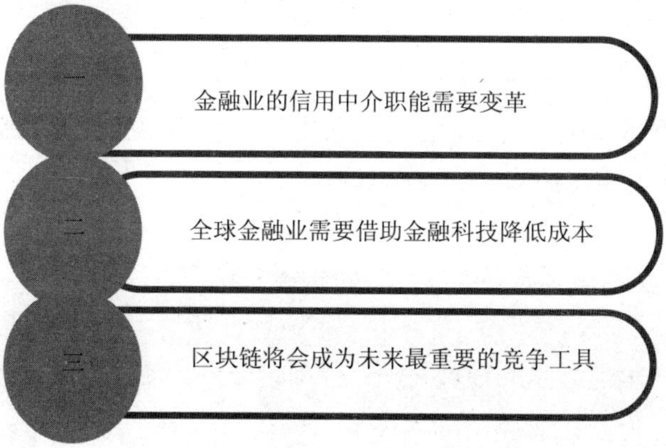

图 6-2　金融业拥抱区块链的 3 个原因

（1）金融业的信用中介职能需要变革

作为拥抱科技的先行者，金融业始终致力于通过科技进步改进金融业的信用中介职能。在移动互联网时代，为了解决信息不对称带来的不信任问题，所有的信用中介职能都是通过中心化的第三方体现的。

看近代自银行诞生以来的金融业发展，每一次科技进步都使得金融业发生了翻天覆地的改变。中心化可以解决一定程度的信息不对称，降低成本，但是随着系统规模不断扩张，系统变得越来越脆弱。由此，中心化造成的道德风险使其难以向前发展。区块链技术的诞生为金融业提供了一个完美的解决方案，公开透明的分布式系统使得系统内交易双方可以相互信任，而且加密算法保证了交易的绝对安全，金融机构不再需要为此承担道德风险。

（2）全球金融业需要借助金融科技降低成本

全球金融业都面临着巨大的成本压力，利用金融科技将成本降低成为当前金融业最紧要的事情。纵观全球金融业，自从 2008 年全球金融危机以来，全球银行业盈利情况不容乐观。美国银行业盈利持续疲软，中国银行业利润增速接近于零，欧洲银行业 2015 年甚至出现了大面积亏损。因此，在宏观经济环境低迷的情况下，通过裁员、增加科技应用等手段压缩成本将会成为未来金融业的必然趋势。

从技术层面看，区块链还无法在金融业进行大规模应用，但是区块链与金融业的密切结合将会大大提升区块链的可应用程度。

（3）区块链将会成为未来最重要的竞争工具

金融业是竞争最激烈的领域之一，提前布局将会使得巨头巩固自己在市场中的根基，于是大量巨头开始迅速切入区块链行业。2015 年以来，各大金融机构开始组建区块链联盟组织，成为加速区块链与金融业结合的催化剂。

当区块链在金融业得到广泛的应用后，每一个个体将会获得金融的能力，就像互联网赋予了我们获得信息的能力一样。在过去 30 年里，互联网的发展造就了信息时代的变革；在未来 30 年里，相信区块链技术也能造就一个新型的金融体系。

支付汇款方式变革

在与金融交易相关的用途中，区块链的意义体现为可以实现自动化的、有担保的交易，而无须诉诸于银行等第三方。如果将区块链技术与移动支付结合到一起，会发生怎么的化学反应呢？以下就是区块链技术改变移动支付的 5 种方式，如图 6-3 所示。

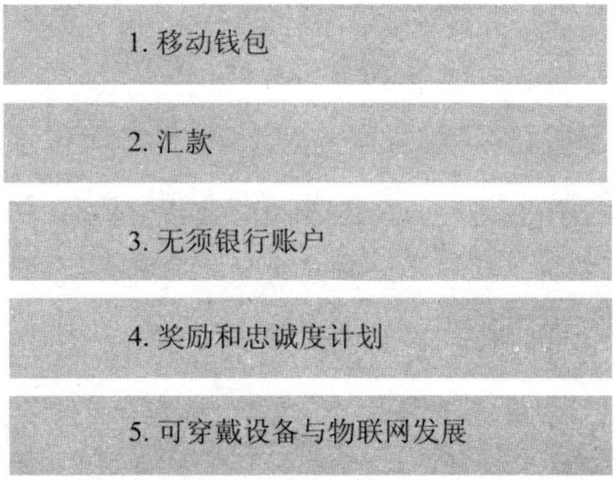

图 6-3　区块链技术改变移动支付的 5 种方式

1. 移动钱包

移动钱包的出现在很大程度上动摇了现金和支票的地位，苹果支付、安卓支付及零售商提供的数字钱包等移动钱包为用户带来的便利和轻松吸引了众多用户的注意力。然而，移动钱包的安全性一直为人所诟病。区块链技术的多重签名验证购物信息功能为移动钱包的安全性提供了有力保障，同时还可以阻止诈骗行为，如重复支付、欺诈、哄抬物价等。另外，区块链技术还能够提高支付速度、改善用户体验、降低全球支付成本费用。

2. 汇款

据业内人士统计，全球的平均汇款成本在 7% 以上，而商业银行更是远远超过这一水平。如果全球的汇款成本能够降低 2%，那么全球的消费者每年将可以节省 160 亿美元之多。由于区块链消除了第三方机构的作用，区块链与移动支付的结合将会降低移动用户向世界上任何人进行转账的时候所支付的高额服务和交易费用。例如，Abra 和 Coins.ph 公司就已经使用区块链技术实现了比特币的全球转账交易。

3. 无须银行账户

毫无疑问，区块链的应用将会弱化银行的作用。据统计，在美国及尼日利亚，有数百万的华人都没有当地的银行账户。然而，区块链为这些人解决了这一难题。现在只需要一部智能手机，不需要银行账户，他们就可以通过区块链参与全球电子商务、获取贷款或者向朋友、家人等进行安全转账而无须支付高昂的费用。

4. 奖励和忠诚度计划

在购物的时候获得奖励是任何一个消费者都喜闻乐见的事情。而移动端就是提供和管理奖励活动的最好平台，星巴克已经证明了这一点。区块链技术可以改善积分交易的方式，因为所有的交易都记录在一个公开的账本上，所有商家可以监视积分交易，但这一点目前还很难做到。例如，你只需要轻轻一点，就可以把你的星巴克或者航空公司的积分送给你的另一半。

伦敦初创公司 Plutus 就正在研发一款移动程序，使用这款软件进行转账或购物，你将会获得一种数字令牌奖励，这些奖励回扣可以用在任何接受比特币的地方。未来，在各种商店中，商家可以使用这种奖励系统来奖励消费者。例如，你可以在星巴克使用航空公司的奖励积分。

5. 可穿戴设备与物联网发展

移动支付的发展已经不仅仅局限于平板电脑和智能手机，市场上已经出现了包括手表、手链和戒指在内的可穿戴设备。与此同时，物联网的发展也蒸蒸日上。用户们的支付信息将会通过区块链技术存储下来，而不用担心诈骗。然而，最有趣的是区块链技术会使未来支付变得前所未有的简单。例如，在将来，你走进一家商店去购买香烟：晃动一下你的手，你的智能手表就可以检测到香烟盒上的半透明的密码，然后执行一个哈希函数，香烟就会立即变成你的。

而物联网的发展将会使你的生活更加方便。想象一下，当你把冰箱里最后一盒牛奶喝完之后，冰箱可以自动订购并完成支付。不过，这一切的前提是开发人员利用区块链技术将应用程序接口（APIs）修复，简化你所有的设备之间的连接。

火币网创始人李林认为："区块链技术的本质是一个去中心化、点对点的、不依赖货币发行方、支付方的价值传输网络。区块链技术解决了价值传递过程中的信任问题，这个技术可以实现让我们跟全球任何一个地方、任何一个角落上的节点相连。这一技术还可以被广泛应用到其他价值传输领域，基于区块链技术发送的不只是金钱，还可以是有价值的信息。"

在新的金融业态下，银行业务将真正回归存款、借贷的本质。随着区块链技术的应用越来越广泛，自金融时代将真正到来，个人从事金融交易活动可能不再需要任何中间机构。

票据清算重构

在纳斯达克证券交易所还没有成立之前，人们为了完成票据的清算，只能骑着自行车，驮着装满债券的包在华尔街上奔波来回。20 世纪 60 年代，美国资本市场经过大规模爆发性增长后迎来了一场危机，骑自行车清算票据的办法已经不能满足当时的市场需求。为了让清算速度赶上交易量，华尔街曾经每周只交易 4 天，而且每天只有 4 个小时。

1971 年，美国证券交易委员会（SEC）召开会议商议如何通过计算机解决票据清算问题。最后，他们讨论出两个方向：一是建立中央对手方（Central counterparty）的清算模式，即有一个清算中心，所有交易都要从这里经过，从清算中心系统内展开，经纪人全部要接入这个系统；二是在经纪人之间建立点对点的清算模式，纳斯达克证券交易所的成立就是在这一背景下。

美国在线零售商 Overstock 的 CEO 帕特里克·拜恩（Patrick byrne）认为："第一个解决方向就好像用计算机来安排调度骑自行车的人一样，虽然使用了计算机，但是仍旧没有解决根本问题。"而第二个解决方向被美国证券交易委员会极力推崇，也成为华尔街直到现在依然采用的模式。

帕特里克·拜恩指出："真正的清算模式应该将交易和清算两个步骤合二为一同时完成，而不是现在的净额清算（Net settlement）。尽管一些金融巨头和硅谷科技公司都在开发应用于市场交易的区块链技术，但是要清楚他们在做什么，只需要问一个问题：清算方式是怎样的？如果他们做的仍旧是净额清算，那么他们就是'在给骑自行车的人打工'。"

一旦真正的区块链去中心化清算模式取代了现在的中心化清算模式，华尔街某些赚钱的不法勾当将难以进行下去。如"无货沽空"（Naked short selling，也叫"裸卖空"），也就是说在交易市场上出售或者声称出售实际并不持有的资产，以实现在未来以较低的价格买入等额资产的目的。

无货沽空对市场交易有着巨大影响，例如，德国曾经在 2010 年宣布暂时禁止对 10 家德国银行和保险公司的股票进行无货沽空，从而导致股市大跌。另外，股票借贷（Stock loan）、提前交易（Front-running）等最赚钱的生意都无法继续进行。

如果区块链使得票据清算模式实现了真正的去中心化，那么华尔街将会失去

"信息不对称"的优势，也会失去相应的赚钱能力。可以想象，一旦真正去中心化的清算模式在全球交易市场大规模推广，那些依靠华尔街生存的人就不得不另谋出路。

下面从 5 个方面看区块链对票据清算带来的重大影响，内容如图 6-4 所示。

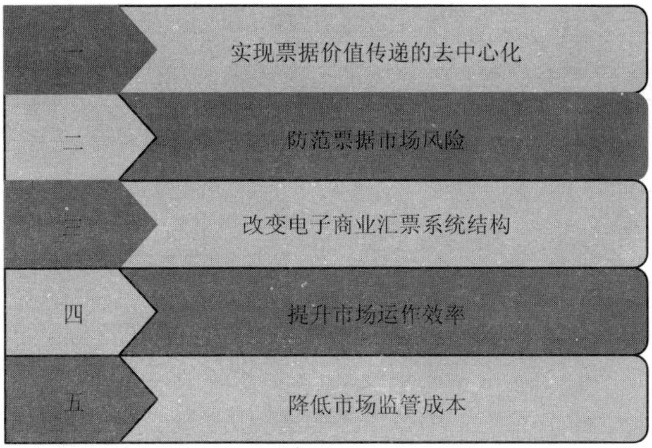

图 6-4　区块链对票据清算带来的重大影响

1. 实现票据价值传递的去中心化

作为有价凭证，票据的价值传递需要第三方平台的参与才能确保交易双方的安全可靠，尽管有时候第三方角色被隐藏起来。例如，在电子票据交易过程中，中国人民银行电子汇票系统（ECDS）充当了第三方角色，提供了交易双方的信息交互和认证；在纸质票据交易中，票据实物充当了第三方角色，使得交易双方相互信任。

在应用区块链技术之后，票据价值可以实现 P2P 无形传递，既不需要特定实物作为连接双方取得信任的证明，也不需要第三方对交易双方价值传递的信息做监督和验证。另一方面，票据交易双方常常需要通过票据中介来解决信息不对称问题，而借助区块链实现 P2P 交易后，票据中介的现有职能将被消除。

2. 防范票据市场风险

受 2008 年全球经济危机的影响，全球多家银行在 2006 年初遭受重大损失，不透明、不规范及高杠杆错配等潜规则使得市场风险频发。票据市场参与机构的多样性和逐利性也加大了这一风险。

从道德风险来看，电子票据中打款背书不同步、纸质票据中一票多卖的现象时有发生。而全网公开、数据不可篡改的区块链使得纸质、电子票据一旦交易就不能抵赖。

从操作风险看，电子汇票系统的运行是中心化的，一旦中心服务器出现问题，那么整个市场将会全部受到打击，造成灾难性后果。银行自身的网络安全问题构成了整个风险的链条，而借助区块链分布式系统，完全避免了人为操作产生的风险。

从市场风险来看，第三方中介市场大量的资产错配不仅会使自身遭受损失，还牵连了银行的利益。而区块链可以自动控制参与者资产和负债两端平衡，并且公开透明的数据使整个市场交易价格对资金需求的反应更真实，进而形成更真实的价格指数，有利于控制市场风险。

3. 改变电子商业汇票系统结构

电子商业汇票系统 (ECDS) 是一个中心化系统，其中心为央行，其他银行和企业通过直连或网银代理的方式接入央行的中心化登记和数据交换系统。这使得所有的票据承兑、交易、托收等环节都需要将电子商业汇票系作为数据通道。可以说，电子商业汇票系统不仅是一个中心化数据存储平台，还是一个第三方认证和资源交互平台。

区块链技术将会改变现有电子商业汇票系统的存储和传输结构，建立起去中心化分布式模式，还能利用时间戳完整反映票据从产生到毁灭的过程，使得每一张票据都可以追溯历史。区块链建立起的全新连续“背书”机制将更加真实地反映票据权利的转移过程。

4. 提升市场运作效率

就算是利用即时通信工具进行群组方式的信息交流，当前的票据市场也无法避免信息的不对称和时效性差，而区块链可以解决这一难题。

首先，区块链可以利用信息记录和回顾建立起基于关键字或者其他智能方式的信息检索和提醒，提升信息的有效性。而公开透明的区块链系统则可以让信息快读传导至需求者，极大地降低市场信息的不对称。

其次，区块链没有中心化服务器，这种开源模式有利于系统的开发优化。系统优化或者变更对使用者来说没有时间跨度，对于依赖系统办理业务的票据体系来说是重大优势。

最后，区块链改变了当前的组织结构、管理体系和行政干预，经营起来直接且简单，有效提高了整个票据市场的运作效率。

5. 降低市场监管成本

多样的操作方式使得票据市场的监管变得非常繁杂。监管方式只能是现场审核，而业务模式和流转则没有全流程的快速审查和调阅手段。

区块链智能合约的应用将使得票据流转的方向具有可控性，例如：通过程序限定贴现中必须有真实贸易背景、设定资管票据不能绕开信贷规模等。区块链智能合约在票据市场中的应用有利于形成统一的市场规则，建立良好的市场秩序，进一步发挥票据在实体经济中的作用。

同时，区块链数据不可篡改的特性使得市场监管的调阅成本大大降低，区块链系统还可以建立共用约束代码实现监管政策全覆盖和硬控制。

另外，央行货币政策再贴现也可以通过区块链实现定点投放、约束投放及智能投放，并对后续的转移进行方向限制。

区块链让审计人员下岗

提到取代人类工作的计算机和机器人，大部分人想的是我们在天猫、京东上下的订单也许可以由机器人来处理，亚马逊仓库里辛苦的搬运工作也可以交给机器人来做。然而，未来的机器人所做的事情远不止如此，它们还会处理更复杂的动作。例如，区块链技术就有可能取代传统金融领域中一些专业人士的工作。

在加拿大多伦多举办的一场区块链活动上，比特币的核心贡献者彼得·托德（Peter Todd）揭示了华尔街对区块链技术如此热衷的秘密。

首先，不信任是传统金融系统中的最大问题。

彼得·托德称："传统金融系统有一个'公开的秘密'，对于他们的数据库、员工，他们都不信任……甚至他们自己都互相不信任。因而，因为不信任而产生的问题就非常多。"

其次，以金融审计为中心形成了庞大产业。

彼得·托德说："银行对数据库和员工的不信任才让审计人员有了工作。为什么会有如此巨大的劳动密集型的审计基础设施及这么多审计人员在那里研读交易数据呢？消失的钱去了哪里？谁私自动用了钱？钱最终被转移到了哪里？这一切都是合法的吗？"

全球各大金融机构都对创建一个保存数据记录的新系统非常感兴趣，以区块链为底层技术的比特币系统就是这样一个开放系统。如果用比特币系统取代目前的封闭账本系统，金融审计活动将会变得更加有效和透明。

紧接着，彼得 · 托德说到尽管金融审计产业的现状良好，但是很难再有提高。彼得 · 托德说："金融机构在他们的审计工作方面做得相当不错。在大多数情况下，'银行欺诈'保持在一个可接受的水平上。"

当前银行提高结算速度的瓶颈是无法解决金融活动的历史维护问题。由于审计属于劳动密集型工作，需要长达数小时的连续作战才能完成，因此很难做到即时对一致性达成共识。区块链技术则可以有效解决这个问题。托德解释说："当前金融系统依赖于数据库管理员的信任和这个系统钥匙的持有者。从这个角度来看，一个区块链就可以充当一个强大的审计日志。"

例如，一些银行职员的工作就是简单地输入一些数据，如果他们拥有了一种绑在钥匙卡或者其他东西上的加密签名，然后以这种方式进入数据库，那么他们将会获得区块链的所有优势。早在区块链获得大量关注之前，银行就已经开始探索相关技术。所以当区块链技术出现以后，银行如获至宝。

那么区块链会取代金融审计人员，让审计人员下岗吗？彼得 · 托德这样说道："这个问题的重点在于我们如何让区块链安全到可以取代人类的地步？"事实上，彼得 · 托德的答案与比特币创始人中本聪在比特币白皮书中的说法不谋而合。中本聪在白皮书中说："我们非常需要这样一种电子支付系统，它基于密码学原理而不基于信用，使得任何达成一致的双方，能够直接进行支付，从而不需要第三方中介的参与。"

关于第三方的概念，密码学家和数字货币研究者尼克 • 萨博 (Nick Szabo) 曾经写过一篇相关方面的文章，文章指出："第三方实际上是一个安全漏洞，而区块链除了可以通过减少第三方来提高安全以外，还能帮助金融机构降低人力劳动成本。"

复杂的产权确认，这里很容易

首先让我们看一个真实的案例。

陈先生与王太太有两个儿子和一个女儿。在三个孩子都还没有成年的时候，王太太就因病过世，而陈先生一个人将三个孩子抚养成人。陈先生在本市甲处的房屋是 20 世纪 60 年代其父母建造的，产权登记在陈先生一人名下。

2007 年甲处房屋遇动迁，当时该房屋处有陈先生及其两个儿子的户口。动迁时甲处房屋采用现金补偿方式进行动迁补偿安置，陈先生及其两个儿子共获得 80 万元动迁款，同时可以享受购买配套商品房一套。在陈先生的主持下，两个儿子各得 20 万元，陈先生获得 40 万元。而乙处配套商品房的产权人依旧为陈先生一人，而且在该产权证附记内记载配套商品房，8 年内不得转让。

2015 年，陈先生突发心脏病去世。2016 年初，陈先生的大儿子起诉至法院要求确认乙处房屋归其所有。大儿子称，当初购买本市乙处的配套商品房完全是由自己出资的。由于当时的动迁政策，配套商品房只能写父亲的名字，为了避免以后的产权纠纷，陈先生还给大儿子写了一份证明，证明乙处配套商品房由大儿子出资购房，所有的购房款及后续办理产权的一系列费用都是大儿子拿出来的，因此实际产权人是大儿子，自己没有产权名分，乙处房屋的一切权利都属于大儿子。

大儿子表示，自己之所以向法院起诉，是因为要求二弟和小妹一起去公证处办理房产转让手续，但是二弟不同意，认为乙处房屋是陈先生的遗产。庭审中，大儿子提供了由陈先生签名、盖章，并按了手印的证明，该证明上还有代书人及证明人小妹的签名。

而二儿子认为陈先生出具证明时已经 70 多岁，而且身体状况非常差，因此不具有民事行为能力；同时小妹作为代书人和见证人是与原、被告有利害关系，所以陈先生出具的证明不具有法律效力。

当前，与房屋产权确认及遗产归属有关的法律案件频发，其中涉及的情节多种多样，处理起来非常复杂，而区块链可以解决这一难题。

美国房地产区块链公司（Ubitquity LLC）研发出适用于房地产行业的文件安

全存储区块链平台。Ubiquity LLC 联合创始人和首席执行官 Nathan Wosnack 表示，使用区块链技术能极大地降低文件编程的风险，在美国每年仅是欺诈性转移问题就会带来近 10 亿美元的损失，主要来自于金融机构发放贷款或房屋贷款给那些被认为是合法房屋所有者的“坏蛋”，因此共享不篡改的账本能够推进行业人员更好地合作并有效减少诈骗案件。从具体的操作上看，公开的区块链可以减少产权搜索时间，提高保密性，更加透明。

透明、公开、不可篡改是区块链作为分布式账本的最基础的功能，其在房屋产权保护上的应用显然是“恰到好处”，能够让更多的机构和公司共享信息，从而避免房产交易过程中的欺诈行为，减少整个社会的财产损失，并提高房地产行业的运行效率。

相信未来，区块链技术会在房地产市场得到进一步的应用，甚至可能替代中介的一部分职能。

轻松证明你，就是你

大家先一起想象两个场景。

1. 诈骗信息、诈骗电话如何轻易确认

很多人都有过类似的经历，例如，你微信上的一个朋友给你发了一条微信说：“我向银行贷了一笔款，银行要求我的账上每个月都必须有一笔流水。你能不能帮我一个忙，往我账上打 5 万元，在账上待一天，之后我会打回给你的。”这位朋友可能是你的铁哥们，但你并不能保证他的微信没有被盗。即便你这位朋友的信誉高，但你也不会轻易把钱打给他。

问题因此产生，你如何确定给你发微信的人就是你的朋友呢？你可以打电话听声音辨认，也可以开视频看是不是本人。如果把这种活动上升到一种公司行为呢？

上海市民杨先生接到一个电话，对方自称是电信公司的客服人员，说刘先生家里的网络已经欠费 3 000 元，让他立即还款到某账号。杨先生半信半疑，立即带上身份证、开户信息及足够的金额去电信局去确认这个电话是否属实，最后知道他接到了诈骗电话。大家可以考虑一下，有没有一种方法可以让杨先生非常简单地确定对方是否为真正的电信公司呢?

2. 身份证的应用场景有多大

有一次在地铁北京站站内，几个身穿制服、拿着对讲机的人将人群拦下，查询了每一个人的身份证。身份证这个小卡片就表明了拥有者的身份信息，内置芯片包含着一些重要的基本信息。

在日本，当你走出机场，看见海关官员，你需要将护照交给他看。海关官员看完护照，再询问你一些问题，就会让你离开。你会发现，在日本，身份证是没有用的，护照才能标识你的身份，证明你是一个合法的公民。

事实就是这样，因为国家与国家不同、政府与政府不同，我们需要很多不同的身份标识证件，这为我们的生活带来了很多不便。那么，如果全球各个国家有一个公用的数据库呢? 全世界人都可以随意获取该数据库里的数据；全世界人都可以增加自己的内容但是不能修改或者伪造他人的内容；而且他人还可以根据你给出的补充信息来验证你提供的补充信息是否是你原有内容的补充。在这种情况下，自己的内容就是自己的身份标识。

这样的数据库是否存在? 答案是有。中本聪是比特币的创造者，其身份就是世界上最难伪造的身份。为什么连美国中央情报局（CIA）都无法伪造中本聪的身份呢? 原因是中本聪拥有比特币区块链创世块里的唯一私钥。

下面大家一起看看中本聪通过比特币的创世块证明自己身份的原理。

比特币的创世块有 50 个比特币，而且代码是确定、唯一的，这就使得这 50

个比特币不能使用。中本聪的创世块地址为“1A1zP1eP5QGefi2DMPTfTL5SLmv7DivfNa”，很多比特币爱好者还向中本聪的地址捐币，使其余额超过了 50BTC。对中本聪来说，他拥有这笔比特币的所有权，但是没有使用权。

例如，一个比特币的狂热爱好者在网上发言，并妄称自己就是中本聪本人。如果中本聪自己觉得有必要澄清，就可以使用创世块的私钥签名，并注明该发言并非自己本人发出，全世界就知道真相了。

那么我们每个人及企业机构等如何使用区块链来标识自己的身份呢，图 6–5 表示了具体操作流程。

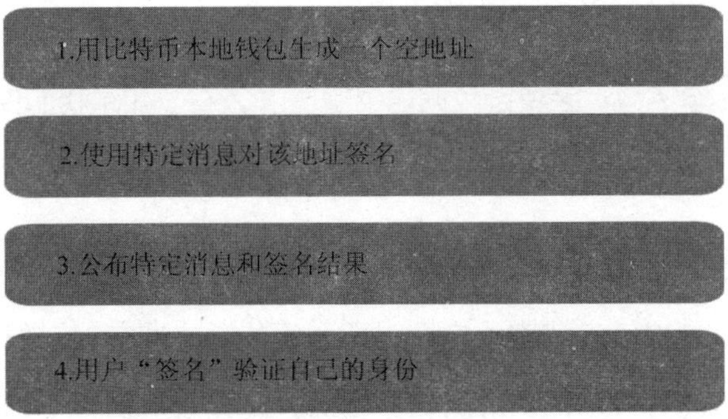

图 6-5　用区块链标识身份的操作流程

（1）用比特币本地钱包生成一个空地址

使用比特币 QT 钱包（比特币本地钱包）生成一个收款地址，该收款地址可以是空地址，不需要有任何余额。

（2）使用特定消息对该地址签名

用 QT 钱包对生成的空地址进行签名。签名一般都是使用特定消息，然后就可以得到签名结果。

（3）公布特定消息和签名结果

向全世界公布你的比特币地址，包括特定消息和签名结果。这时，全世界都知道了这个地址是你的。

（4）用户“签名”验证自己的身份

如果在一些情景下，你需要向对方证明你的身份，那么对方给出一个特定消息，你只需要签名，对方进行验证即可证明你的身份。

用区块链验证身份的唯一风险就是私钥被盗，所以只要用户妥善保管好自己的私钥，别人就无法伪造你的身份。

截至 2016 年 7 月，区块链数据已经超过了 25G。如果我们仅仅使用 QT 钱包进行身份验证，就不需要同步庞大的区块链数据，否则启动和关闭 QT 钱包都无比慢。

一个企业机构也可以使用这种方法验证自己的身份真假。与个人一样，企业需要使用一个地址进行签名声明自己是该私钥的唯一拥有者。很多时候，企业的身份都是由多人共同确认的，遇到这种情况，企业可以预先将私钥分成多份，让几个人共同保管。如私钥分成三份，只有两人及两人以上共同签名才能确认企业的身份。在这种情况下，企业遇到任何伪造机构身份的行为，都可被轻易验证。

区块链让人类第一次不需要依靠任何第三方中心机构就可以完成身份验证，也是人类第一次在互联网上创造了一个不能复制、不可伪造的数据库。

从比特币创世块开始，世界已经发生改变。10 年之后，即 2026 年，以下场景可能会成为事实。一个日本海关官员对某个中国游客说，“女士，请对这一消息‘Welcome to Japan’，在您的比特币地址‘XXX’上签名。”该女士拿出手机，点了点，官员也在他的桌面设备上点了点，然后说：“欢迎来到日本，XXX。”一切都将随之改变。

第 7 章

大数据时代，区块链与数据挖掘

互联网已经进入大数据时代，尽管还处于比较基础的阶段。作为一种特定的数据库技术，区块链将会使我们进入到真正的强信任背书的大数据时代。在区块链大数据时代，数据都是公开透明不能篡改的，而数据挖掘将会以最小的成本获取最大的价值。

大数据不止于大

2016 年 3 月，谷歌人工智能 AlphaGo 挑战世界围棋冠军李世石的事件引起了世界各国围棋爱好者及科技行业人士的广泛关注。最终谷歌人工智能 AlphaGo 五局四胜，打败了李世石。谷歌获得 100 万美元奖金，并按照之前的约定把这些奖金捐赠给联合国儿童基金会（UNICEF）、STEM 教育及围棋慈善机构（Go Charity）。

对于这一结果，最淡定的就是大数据圈内人士了。大部分人们对于大数据的印象就是神秘，但实际上大数据应用在我们生活的方方面面都有体现。六禾创投总裁王烨对大数据充满了期待：“AlphaGo 的胜利，实际上是神经网络的胜利，而背后的原理就是大数据。AlphaGo 在 3 500 万个棋谱中不断学习，自学能力非常强。换而言之，机器有了大数据的支持，不光能够超越你，还能够帮助你想到你没有想到的解决方案。大数据时代已经到来。”

互联网数据中心（IDC）对大数据（Big data）做出了权威定义，认为满足 4V 指标的数据统称为大数据。4V 即种类多（Variety）、流量大（Velocity）、容量大（Volume）、价值高（Value），如图 7-1 所示。

在 2014 ~ 2016 年的两年里，人类产生的数据已经占到人类文明史上所有数据总和的 90%。也就是说，人类在过去的一万年产生的数据也只有全部数据的 10%。信息爆炸产生海量数据被称为大数据，在近两年来炒得火热。然而，大数据不止于大，大数据的应用在于其价值。

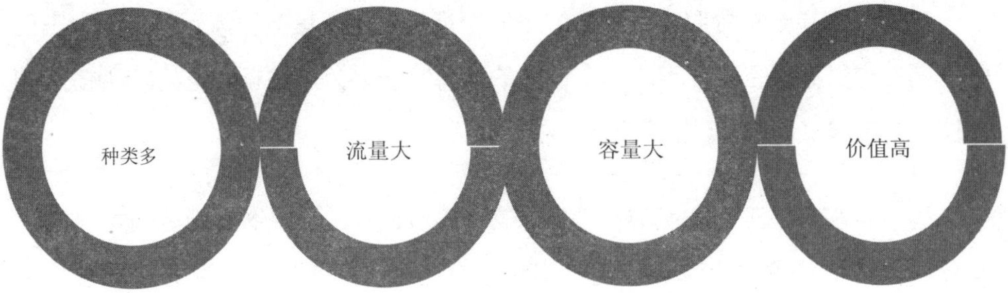

图 7-1　大数据的 4 个特点

很多企业拿着自己的数据说：大数据时代来了，我们企业积累的数据特别值钱，它们已经开始显现威力了。然而这些企业却不知道如何利用这海量的数据，白白浪费了这些数据。

大数据的本质就是数据，只有经过分析挖掘才能发挥价值。在未来，通过视频数据搜索到一张特定身影或者脸孔将成为寻常的事情。这种数据分析技术将成为启动视频类大数据应用的一把钥匙。同样，基于声音、图片或者文本的分析与数据挖掘将为人类理解数据带来革命性的突破。

大数据就像石油、矿产类能源一样蕴含着巨大价值。随着大数据应用的普及，大数据被人们视为一种新生产要素和巨大的经济资产。大数据即将开启一次重大的时代转型，预示着一次新的生产率增长和消费者盈余浪潮的到来。大数据发挥的作用越来越大，不仅可以帮助政府管理国家，还是商务经营的法宝、未来就职的热门。

蚁盾是阿里巴巴旗下蚂蚁金服新推出的一款产品。蚁盾基于大数据技术可以为金融机构和各类互联网企业提供反作弊、反黄牛、反欺诈等服务。蚁盾致力于赋予更多的商业合作伙伴安全服务防范风险的能力，并取得显著成效。截至 2016 年 7 月，蚁盾已经和金融、O2O、团购、出行、手机 3C 产品网络直销平台等行业建立广泛的合作关系，为广大金融机构和互联网企业的风险管理提供有力保障。

芝麻信用是蚂蚁金服旗下独立的第三个征信系统，其数据来源包括阿里巴巴的电商、支付数据、各种用户自主递交的信息及一些外部数据。芝麻信用使用的广泛数据确保了信用判定的有效性。

蚂蚁金服内部工作人员称："芝麻信用通过云计算、机器学习等技术科学、客观、公正地呈现个人和企业的信用状况，已经形成芝麻信用评分、芝麻信用元素表、行业关注名单、反欺诈等全产品线。从信用卡、消费金融、融资租赁、抵押贷款，到酒店、租房、租车、分类信息、学生服务、公共事业服务等，芝麻信用已经在上百个场景为用户、商户提供信用服务，众多用户享受到了信用的便利。"

由此可知，蚂蚁金服集团的征信、保险、理财平台及支付平台都是基于云计算和大数据的信用体系和风控体系支撑起来的。

然而，从大数据到由大数据支撑的业务体系，还要经过很长的路。最底层的原始数据层很容易获取，如电商的交易数据、客户的信息管理系统、一些外部数据等，这些原始数据本身是没有商业价值的。它们必须经过技术分析，进行大量汇总，将各种数据分类，形成衍生数据指标，才能被模型使用。

当数据形成指标被模型使用后，还需要复杂的业务数据策略。网商银行风控总监盛子夏介绍道："以贷款业务为例，真正要把这些数据拿来做融资或者贷款，还要做一系列的配套的业务数据策略，包括身份识别、授信准入、风险定价，这些是风险端的策略；在营销端，则是客户需求分析，客户获取、促销、优惠、流失、挽留等策略；在安全方面，会有反欺诈、反洗钱、反套现的策略。"

从数据到指标，再加上业务数据策略，最后成为有效的实时系统，才能支撑业务。区块链在未来有可能会重构大数据的应用流程。我们看到，从拿破仑战争中通过人工手段获取信息，到中间的数据库发展，再到现在智能手机的普及，以及从 IBM 深蓝电脑打败国际象棋大师到文章开头所说的 AlphaGo 打败世界围棋冠军李世石，所有的创新、价值和人工智能都来自于信息和数据。哪里有信息和数据，哪里就有创新和价值。

在未来，大数据将会依托区块链存在，而所有基于大数据的应用和创新都将以区块链技术为基础。区块链会成为一切应用技术的入口，重构大数据。区块链也会进一步降低区块数据分析和挖掘的成本。了解大数据分析的人都知道，为了获取大数据的价值，我们需要将 80% 的时间成本或精力成本花费在有效数据的收集和数据清洗上。一旦有了区块链，这些成本将会大大减少。

作为首先被洗礼的领域，金融业对区块链技术的商业需求相当大。我们可以预见区块链在未来的规模：区块链系统里包含着每个个体每一笔交易的全部历史。所有人的数据构成大数据，可以用来进行分析。区块链提供了数据的完整性和有效性，而大数据和其分析工具进行介入将会最终挖掘其价值。

数据让一切决定有了理论支撑

2016 年政府实施全面放开二胎政策，然而，哪些地方的人想要生二孩，哪些地方的人不会生二孩，统计部门也不一定了解得清楚。不仅是中国，世界各国都是如此，统计部门需要通过由上而下的一层层行政渠道收集数据，寻找想要的信息。

事物的发展变化都是有规律的，通过数据分析可以发现这种规律，洞察先机，做出决策。例如，阿里巴巴的电商平台每天产生数亿元交易额，用户们通过搜索寻找自己心仪的产品，而大量用户搜索的关键词就被阿里巴巴记录在数据库里。阿里巴巴通过数据分析，能够发现当前热销产品，预测即将火爆的产品，并根据分析结果针对性地投放广告，提升转化率。

如果问全球哪家公司挖掘了大数据的最大价值，答案就是亚马逊。在亚马逊的运营中心，洗发水和杯子在货架上一起摆放着。这是亚马逊独特的“随机上架、见缝插针”的摆放制度，即所有货物按照节省空间的原则随机摆放着，同类商品也可能没有摆放在一起。在网购高峰期，这种摆放制度充分利用了库房的每一寸空间。

在物流环节负责上架的员工根据行走的路线及货架空间随意摆放货物并扫描至系统里。这样一来，有效地缩短了员工拣货的距离。数据系统清楚地记录着货架利用率，通过货架的多余空间考量结合商品的物理参数，自动向员工推荐可以快速上货的区域。这种独特的摆放原则为亚马逊处理每张订单节省 3 分钟，提高 3 倍效率。

用户的订单下达后，亚马逊先进的物流系统会通过复杂的模型计算出最快捷的配送站点选址区域。亚马逊还通过经纬度级别定义客户的收货地址，并根据快递员的配送效率因素推荐合理的快递员数量及路线，做到了精准配送。

用户还没下单，快递已到家门口，并不是一种夸张说法，亚马逊利用“预测式发货”的独家法宝做到了精准预测用户订单。“预测式发货”的实质是基于大数据分析预测用户的需求。通过分析用户历史订单、商品搜索记录、购物车清单及用户在某件商品上停留的时间等数据信息，亚马逊做到在用户还没有下单购物前，就将包裹调拨到离用户最近的运营中心。这种行为的逻辑是满足用户需求、提升用户购物体验。

亚马逊利用庞大的数据库，能够在“双十一”之前就预测到用户的需求，预先将用户准备下单的产品送达到离用户最近的运营中心，缩短商品和用户之间的距离。亚马逊为“双十一”的物流高峰期未雨绸缪，真正实现了“单未下，货已到”。

大数据的优势不仅仅如此，而是作用于整个供应链，利用海量数据实现供应链管理自动化。大数据帮助亚马逊自动化生成采购时间、采购数量等采购决策问题，并通过库存数据分析进行库存分配、调拨及逆向物流等。大数据通过完备库存管理流程提高了亚马逊的库存水平。

亚马逊的整个库房从收货到发货及退货全部依赖于大数据智能管理系统。大数据智能化管理不仅优化了亚马逊的管理效率，还将库存准确率提升到 99.9%、保证了 100% 的准时发货率及 98% 以上的送达准时率。

亚马逊全球副总裁薛小林表示："自从亚马逊在中国自建物流体系至今，亚马逊就以持续的基础设施投入、先进的技术系统，以及全球领先的大数据优势打造了行业有口皆碑的'神奇物流'。"

随着数据的爆发性增长，人们获取信息数据的渠道越来越多。然而通过分析挖掘海量数据的价值去预测未来，却是常人想都不敢想的事情。由于数据收集、存储、管理和分析等过程没有了技术的制约，越来越多具有挑战精神的科学家、分析师、企业管理者及创新企业开始对这方面进行尝试。

来自微软的埃里克·霍维茨（Eric Horvitz）和以色列研究所的 Kira Radinsky 两名科学家进行了大数据预测未来的研究活动。研究数据包括纽约时报 22 年的报纸、维基百科及其他 90 家网站资源。两位科学家希望通过他们的研究对阻止疾病暴发、社会暴乱及死亡产生帮助。

两位科学家的研究成果论文《挖掘网络到预测未来》已经发表。文中提到利用暴风雨、干旱等自然灾害数据预测安哥拉霍乱暴发的方法。通过分析，两位科学家得出可以提前一年预测到霍乱暴发及蔓延的结论。

在此之前，CSDN 云计算频道就有相关报道称研究者们利用 Twitter 和 Google 收集的数据去预测流感的暴发。2009 年爆发了甲型 H_1N_1 流感，实际上，在流感爆发几周前，谷歌的工程师们已经通过分析用户数据预测到大型流感即将到来，并在《自然》杂志上发表了相关言论。

当然，谷歌预测流感的方式不是分发口腔试纸或者通过医生调查，谷歌建立了一个与流感预测相关的系统，专门收集与流感传播相关的数据。例如，在每天收到的数十亿条搜索指令中将"哪些是治疗咳嗽和发热的药物"等特定检索词条收集起来，并将特定词条的频繁使用与流感传播联系起来，及时判断流感传出的根源地。一般的疾控中心在流感爆发一两周后才能确定流感的爆发。

谷歌基于庞大的数据库对未来做出准确预测，即以一种特定方式，对海量数据进行分析，获得了极具价值的信息与远见。由此可以看出大数据对于预测未来具有重要意义，这是一个有待人类开发的科学领域。

波士顿和纽约曾经出现非常严重的流感疫情。当时美国卫生部门的官员及应用开发人员利用大数据对流感疫情进行有效的控制，他们是这样利用大数据的：

美国疾病预防控制中心（CDC）主要负责防止流感疫情的扩散，其工作人员已经逐渐学会使用大数据了解观察疫情的变化。工作人员清醒地认识到，尽管医生是控制疫情的“主要武器”，但是当下并没有足够多的疫苗普及到大众；而且流感疫苗必须根据不同的流感病毒株研制，这样生产出来的疫苗才能有效防止流感的继续扩散。

CDC 为了确认不同地区的不同流感菌株，与科尔全球性威胁基金达成了合作，共同推出 13 周岁以上市民可以注册的 FluNearYou 应用程序，用以监测流感的蔓延程度。该应用程序每周产生的调查报告帮助 CDC 做好流感疫情扩散的准备及预测。

同时还有一个社交媒体信息的收集网站 Germ Tracker，可以通过地图追踪流感病情的扩散。谷歌也开发了一款与 FluNearYou 相似的流感追踪器，用于挖掘搜索流感信息数据。

传统的数据收集特征是以抽样代表总体，人类对世界的认识是非常简单明了的；而大数据时代运用的数据是海量的，人类对世界的认识在局部上并不清晰，但能看清整个环境与未来方向。所有原始数据看起来不够准确、平凡无用，经过恰当的分析就可能给人们一个有价值的发现。

中英人寿通过分析人们各种各样的生活方式找出了有可能患高血压、糖尿病和抑郁症的人群。中英人寿没有使用血液和尿样，而是对人们的爱好、常浏览网站、爱看的节目、收入等数据分析得出的结论。中英人寿的纯数据分析法只需 5 美元，却为公司在每位客户身上节省了 125 美元。

如今，很多网站内容的设置已经不再依赖于编辑的新闻敏感度，而是依赖大数据。数据能够找到符合大众口味的新闻，在这方面数据比那些有经验的记者做得还好；互联网教育公司利用大数据分析可以优化课程，吸引更多的学生购买网上课程。例如，深度研究学生播放讲座视频暂停或重放的片断数据，找出视频中不明晰或很吸引人的地方反馈给课程设计人员。

对大数据的利用就是一场寻宝游戏，科学家们对海量数据进行分析，将数据的潜在价值挖掘出来，远远高于其基本用途。大数据本身是数据，没有什么意义，挖掘处理才是大数据发挥价值的关键所在。

随着数据分析技术的成熟，很多企业过去积累的大量用户数据有可能发挥出新的价值。例如，国家用微观居民和企业用电量数据指导智能电网建设、警局用交通事故和犯罪数据指导警方布局破案、政府用消费和税收数据指导收入分配、用客流量数据指导铁路和民航调配等。

大数据对社会发展的作用重大，但并不是万能的。电子科技大学教授周涛认为，“大数据不是能解决所有问题的万能法宝。大数据是传统经济统计的补充，而非替代。基于抽样、调查、汇总等传统经济统计获得的数据仍将在经济分析和政策制定中发挥重要的作用。横向来看，传统统计方法在经济增长、税收、贸易、收入分配等领域的统计上具有主导优势，而大数据在物价、通货膨胀、失业率、消费等方面的统计上更具有优势”。

不可否认，大数据的光芒将整个世界照亮。大数据分析挖掘技术的成熟将引领人类走向光明的未来，世界各国对大数据应用的探索也为人们增添了对大数据未来的憧憬和信心。

金融业离不开大数据挖掘技术

关于大数据应用综合价值潜力，国际知名咨询公司麦肯锡曾经进行了一项调查，调查结果的报告显示：信息技术、金融业、政府及批发贸易四大行业的大数据应用综合价值潜力最高。从图 7-2 中金融业大数据应用投资结构可以看出，银行将会成为金融类企业中的重要部分，证券和保险分列第二和第三位。接下来，我们主要看银行大数据应用情况。

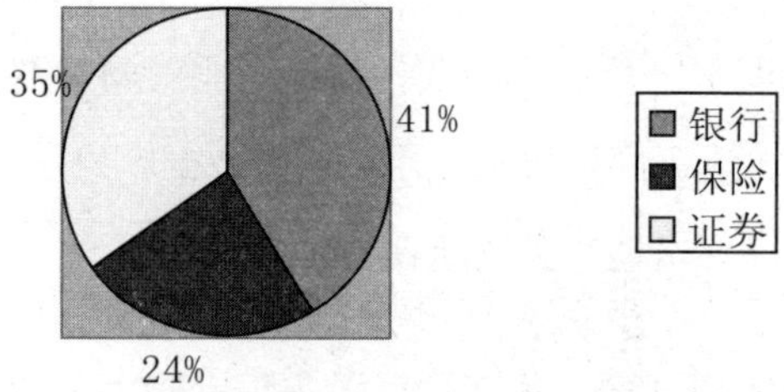

图 7-2 金融业大数据应用投资结构

国内各大银行都已经开始发力大数据，希望可以利用大数据来驱动业务运营。例如，中信银行信用卡中心通过大数据挖掘技术实现了实时营销；招商银行正在利用大数据挖掘技术发展小微贷款；光大银行建立了社交网络信息数据库。

中国银行业分行级信用卡专营机构较少，而中信银行信用卡中心就是其中之一。作为国内最具竞争力的股份制商业银行信用卡中心之一，中信银行信用卡中心的发卡量一直保持稳定的增速。

2013 年底，中信银行信用卡中心总裁陈劲对外宣称该行信用卡发卡量已突破 2 000 万张。截至 2016 年 6 月，中信银行信用卡发卡量已经达到 2 500 万以上。在未来，中信银行将充分利用互联网基因和大数据技术挖掘客户需求。

在客户数据存储、系统维护及数据价值挖掘等方面，中信银行信用卡中心曾经面临重大压力。为了应对激烈的市场竞争，找到一个高效的数据仓库解决方案支持自身的数据分析战略，提升业务的敏捷性成为当务之急。

在这种情况下，中信银行信用卡中心实施了 EMC Greenplum 数据仓库解决方案。通过 Greenplum 数据仓库解决方案提供的客户统一视图，中信银行信用卡中心能够更加清楚地了解客户价值体系，从而为客户提供更有针对性的营销活动。

有了 EMC Greenplum 数据仓库之后，中信银行信用卡中心从服务、交易、权益、风险等多个层面分析数据，根据客户价值高低将客户分类，然后根据自身的经营策略为客户提供相应的个性化服务。Greenplum 解决方案的引入还为中信银行信用卡中心减少了每年 500 万元的数据库维护成本，提高了该行的市场竞争力。

与国内各大银行积极探索大数据挖掘技术一样，汇丰银行也没有落于人后。汇丰银行使用 SAS 防欺诈管理解决方案构建了其全球业务网络的防欺诈管理系统。在防范信用卡和借记卡欺诈的基础上，汇丰银行与 SAS 共同扩展了 SAS 防欺诈管理解决方案的功能，为多种业务线和渠道提供了更加完善的欺诈防范系统。

在此基础上，汇丰银行实现了全面监控客户、账户和渠道业务活动，而且其银行转账和在线付款欺诈及内部欺诈的防范能力有了显著提高。通过 SAS 系统，汇丰银行利用大数据挖掘技术可以实现精确洞察，而且获取信息的速度非常快，大大提升了自己的市场竞争力。在未来，汇丰银行还将继续采用 SAS 告警管理、例程和队列优先级软件，提高运营效率，以便迅速启动紧急告警。

综上所述，我们将银行大数据应用分为四大方面，如图 7-3 所示。

图 7-3　银行大数据应用的四大方面

1. 客户画像

客户画像包括企业客户画像和个人客户画像。企业客户画像包括企业的生产、流通、运营、财务、销售和客户数据、相关产业链上下游等数据；个人客户画像包括人口统计学特征、消费数据、兴趣数据、风险偏好等。银行需要注意的是，自己掌握的客户信息不是全面的，通过银行已知的客户数据有时候无法得到理想的结果甚至可能得出错误的结论。

例如，一位信用卡客户月均刷卡 10 次，平均每次刷卡金额超过 1 000 元，平均每年打两次客服电话，从来没有投诉过。按照传统的数据分析方法，该客户应当是一位对银行满意度较高而流失风险非常低的客户。然而看看这位客户的微博你就不会这样想了："工资卡和信用卡不在同一家银行，还款很麻烦，好几次打客服电话都没有人接……"该客户多次在微博上抱怨，所以这应当是一位流失风险较高的客户。

通过以上案例分析，我们可以得出结论：银行不仅要考虑银行自身业务所采集到的数据，还应当考虑收集整合更多外部数据，以加深对客户的了解。这些外部数据包括 4 类，如图 7-4 所示。

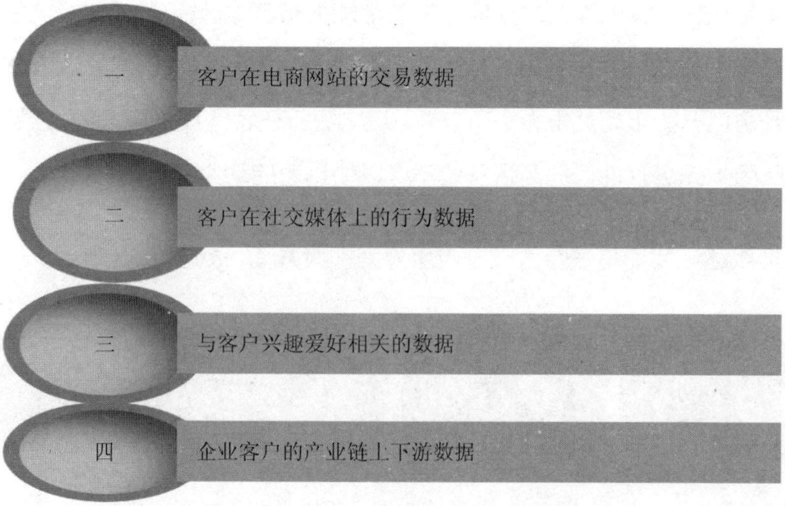

图 7-4　银行需要收集整合的外部数据

（1）客户在电商网站的交易数据。例如，工商银行将自己的电子商务平台和信贷业务结合起来；阿里金融为阿里巴巴用户提供无抵押贷款，而用户只需要凭借自己过去建立起的信用就可以申请。

（2）客户在社交媒体上的行为数据。例如，光大银行建立了社交网络信息数据库，打通了银行内部数据和外部社会化数据，获得了更完整的客户画像，有利于该银行进行精准营销和管理。

（3）与客户兴趣爱好相关的数据。例如，网络广告界正在兴起的 DMP 数据平台的互联网用户行为数据可以扩展银行收集的客户兴趣爱好数据。

（4）企业客户的产业链上下游数据。企业所在的产业链上下游的数据可以反映企业的外部环境发展情况。银行如果掌握了这些数据，可以预测企业未来的状况。

2. 精准营销

精准营销是以客户画像为基础展开的，包括 4 方面内容，如图 7-5 所示。

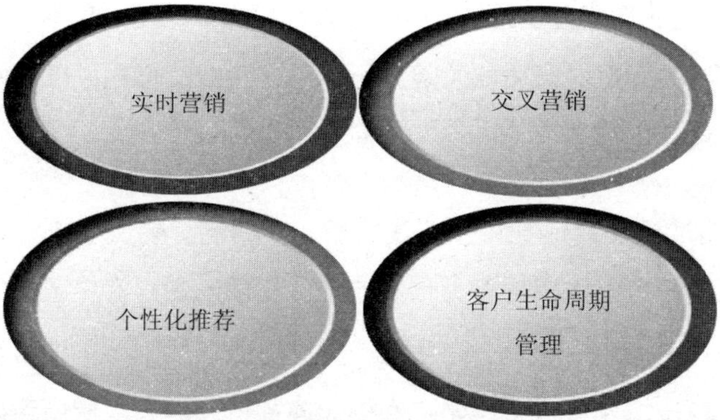

图 7-5　精准营销的 4 方面内容

（1）实时营销。实时营销是指根据客户的实时情况来展开营销。例如，某客户使用信用卡采购孕妇用品，可以建模推测其怀孕的概率然后推荐孕妇喜欢的业务。另外，客户生活状态的改变都是营销机会，如改变婚姻状况、置居等。

（2）交叉营销。交叉营销是指不同产品或者业务的相互交叉推荐。例如，工商银行根据客户的交易记录分析，有效识别小微企业客户，然后通过远程银行来实施交叉销售。

（3）个性化推荐。个性化推荐是指银行根据客户的个人喜好进行服务或者银行产品的推荐。例如，根据客户的年龄、工资水平、理财偏好等精准定位出其属于哪一类客户群，分析出其潜在金融服务需求，然后进行针对性的营销推广。

（4）客户生命周期管理。客户生命周期管理包括获取新客户、客户防流失和客户赢回等。例如，工商银行通过构建客户流失预警数据模型对易流失率达到某一标准的客户发售高收益理财产品达到挽留目的；招商银行也使用这种方法使得金卡和金葵花卡客户流失率分别降低了 15% 和 7%。

3. 风控管理

风控管理包括中小企业贷款风险评估和欺诈交易识别等手段。

（1）中小企业贷款风险评估。银行可以利用大数据挖掘技术对企业的生产、销售及财务等相关数据进行贷款风险分析，量化企业的信用额度，降低中小企业贷款业务的风险。

（2）实时欺诈交易识别和反洗钱分析。实时的交易反欺诈分析是风控管理的重要部分，银行可以根据持卡人基本信息、交易历史、客户历史行为模式及正在发生行为模式（如用户从一个陌生的新位置进行在线交易）结合智能规则引擎进行实时的交易反欺诈分析。例如，摩根大通银行利用大数据追踪盗取客户账户或者入侵自动取款机系统的罪犯；IBM 金融犯罪管理解决方案帮助银行利用大数据有效地预防与管理金融犯罪等。

4. 运营优化

从产品和服务、市场和渠道及舆情分析 3 个方面看银行如何利用大数据进行运营优化，如图 7-6 所示。

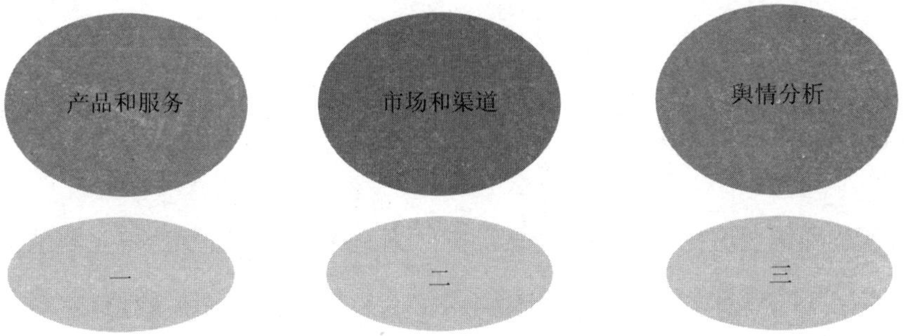

图 7-6　大数据优化运营的 3 个方面

（1）产品和服务优化。通过把客户行为转化为信息数据，银行可以利用大数据挖掘技术分析客户的个性特征和风险偏好，进一步理解客户的习惯，智能化地分析和预测客户需求，从而实现产品和服务的优化创新。

例如，兴业银行利用大数据分析比较区分优质客户，根据客户还款数额的不同提供差异化的金融产品和服务方式。

（2）市场和渠道分析优化。银行可以利用大数据监控不同市场推广渠道的质量，从而选择最有利的合作渠道。同时，银行还可以利用大数据挖掘技术分析出哪些渠道更适合银行的哪些产品和服务，从而优化调整渠道推广策略。

（3）舆情分析。银行可以通过爬虫技术（可以自动抓取互联网上的信息）抓取微博、论坛或者社区上银行产品和服务的相关信息，并利用自然语言处理技术进行正负面判断，及时掌握关于银行及银行产品和服务的舆情，并迅速处理问题。对于正面信息，银行可以进行总结并强化自己的优势；对于负面信息，银行要分析自己的不足，加以改进，尽最大努力挽留相关客户。同时，银行还可以关注同行竞争对手的正负面信息，发现同行的优点，并将其作为自身业务优化的借鉴。

大数据的价值已经得到众多银行及金融机构的认可。大家都深刻认识到，谁掌握的数据多，谁就能利用大数据挖掘技术快速拼出客户的图谱，成为金融业的王者。面对众多跨界竞争对手，金融业的市场格局及业务流程将发生巨大改变。于是，占有数据优势的互联网公司、银行、支付机构等展开了激烈的金融数据争夺战。金融业将开展新一轮围绕大数据的建设投资。

区块链系统上的大数据

信用的缺失是区块链出现的重要历史原因。在古代，商品经济主要是以物换物的方式。然而这种方式的交易成本很高，如果你用车拉着几车商品，很有可能生意没做成，反而被土匪抢了。在这种情况下，市场经济开始考虑降低交易成本，于是很快就过渡到了利用信用建立交易的方式。信用建立是金融的核心，而传统的信用建立大多依赖“中心”，包括央行、商业银行、法院等。

传统金融的信用成本也是非常高的。例如，一些人喜欢在城市周边骑自行车郊游，然而他们又不喜欢随身携带现金，这就会导致他们无法住店、不能吃饭，甚至连水都买不到。这种金融生态的变化是非常常见的。

然后出现了互联网金融。以支付宝为例，它通过大数据来建立信用，这是一大创新。互联网金融的基础是大数据金融，大数据让信用建立的成本比传统银行吸储放贷方式的成本降低了很多。随后出现的众筹、P2P 等都促使建立信用的成本下降。

那么，区块链的必要性体现在哪里？互联网金融依靠大数据产生信用，也存在一些问题。

第一，数据孤岛的形成。尽管所有的互联网公司都倡导公开、透明和共享的互联网精神，但事实上，他们根本不会将手中的大数据与其他公司共享。在当前形势下，大数据必然是每一个公司的绝对内部资源，不可能进行无边界的共享，这就出现了“大数据集中”的问题。

在这种情况下，互联网的发展存在一个悖论，与其初衷大不相同。集中的大数据引起了马太效应，即富者愈富、穷者愈穷。在数据孤岛的作用下，大数据资源集中在少数人手中，全社会的数据资源不能流动，只有少数的掌控者才能使用这些宝贵的数据资源。作为大数据的生产者，用户个人根本无法获得信用资源的主动权，这非常不利于全球市场信用成本的进一步下降。

第二，数据所有权的错配。所有的参与主体共同创造了海量数据，尤其是在腾讯 QQ、微信这样的社交软件上，但每一个参与主体得到大数据的所有权了吗？参与主体能够掌控自己的大数据吗？答案是否定的。2016 年 1 月 9 日，发生了一个非常恶劣的事件——“百度卖吧”事件。在百度形成的每一个“吧”包含的所有数据及资源的所有权应该归属于用户，就连“吧主”也是由参与用户选举产生的。然而，百度居然将产生效益的吧数据公开出售，这是用户难以接受的。

在舆论的压力下，百度最终于 1 月 12 日对外宣称：“百度贴吧所有病种类吧全面停止商业合作，只对权威公益组织开放。”

同样，我们每天在微信上产生的数据有多少？人们每天产生的社交、交易数据本应该是完全属于产生者每一个人的。依据互联网共享、平等、透明的精神，这种大数据应当是一种“全球性的信用资源”。

因此，新的创新要求大数据既可以清晰所有权归属，还能够共享。这两点表面上看起来有些矛盾，但是区块链的诞生让两个问题迎刃而解。

众所周知，互联网解决了信息的自由传递问题，但是资产不可以。在现实环境中，资产在传递过程中所有权唯一，不能随便复制。所以，第一代互联网 TCP/IP 协议无法使人们在互联网上建立所有权和信用制度。

比特币的创始人中本聪认为信用建立不能依赖某个中心，因为任何过度中心化的结果都会产生信息不对称，会存在利用中心权力损害参与者的利益、损害市场上其他方利益的情况。所以，比特币白皮书开宗明义地提出：“我们要开创一种不需要第三方的、不需要中介的支付系统，电子货币的支付系统。”

中本聪的解决方案就是我们所说的区块链技术。区块链系统中完成的每笔交易都盖了“时间戳”，防止重复支付等问题。如果有人重复支付，那么时间就会产生矛盾，系统会自动识别为非法交易。根据一定的利益规则，矿工受利益驱动负责为每一笔交易盖“时间戳”。矿工的利益是每 10 分钟全网只能竞争到的唯一的合法记账权的奖励。谁竞争到了，就可以获得一定数量比特币的奖励。同时，全网其他矿工要同步一致它这个记账，然后竞争下一个区块记账权。

以计算资源为代价，区块链通过给全网作证重新建立信用体系。很多网友已经开始讨论下一代微信可能是什么，下一个阿里巴巴可能是谁等。事实上，下一代最有可能就是一个真正去中心化的系统。在下一代，每个人在微信上产生的社交数据都可以对自身发挥价值。如果把这些数据通过加密算法保存在比特币区块链上，每个人自己产生的大数据都将永远保存下来、不可篡改。用户自己掌握着私钥，即拥有了自己大数据的所有权。

当有人需要向银行贷款时，只要向银行提供自己的公钥和私钥，银行就能分析区块链系统上的大数据，得出贷款人的信用情况。在未来，每个人都会通过区块链系统上的大数据获得全球信用。

阿里巴巴副总裁高红冰说：“传统金融的信用建立在钢筋水泥的大厦上，你看银行是不是都得盖大楼？但未来的信用是建立在区块链的数据上。”所以区块链就是依据全网分布记账、自由公证，建立一个共识数据库，这就是未来信用的数据大厦。

回想一下我们的现状，我们的出生证、结婚证及房产证都需要政府备书，离开政府的认证就没有人承认。一旦跨国，我们会遇到各种各样的麻烦，如合同得不到承认或者无法执行等。当前的信用执行系统成本非常高，包括法院、警察等？而高昂的成本都已由我们每个人分摊了。

在未来，如果区块链系统的全网公证为我们作证明，其数据是无法作假的。例如，将来公证你和你妻子的夫妻关系，这将会在几分钟之内成为全网公开的事实。如果有人想要篡改你们的关系，成本大概是十几亿元人民币。

在区块链大数据时代，未来的信用依赖全网公证实现，这为人类创造了无限的可能。它解决了什么问题？每个消费者依靠在区块链系统上产生的大数据获得信用，就像北京市金融局霍学文书记说的：“区块链会成为全球金融的基础架构，这是未来的信用大厦。”

区块链的仪表盘

由于区块链技术本身的相关开发标准和相关定义还没有成型，所以大部分团队开发区块链应用都会采用比特币区块链或者采用以太坊区块链的方案。而以色列初创公司 Colu 则开创了另一种可能，这也是 Colu 项目在刚推出就获得全球各大公司和媒体广泛关注的原因。

2015 年 12 月，Colu 发布了两个更新，为区块链开发者创建更多的区块链解决方案提供了可能。一是 Colu 的仪表盘，该仪表盘可以帮助用户浏览和管理数字资产；二是沙盒应用程序编程接口（API），该接口能够让用户快速检测代码，并且查看结构。

Colu 的联合创始人阿摩司 · 梅瑞（Amos Meiri）早在 2012 年就开始为金融服务巨头 E-Torro 探索区块链技术。当时，阿摩司 · 梅瑞经常和区块链社区互动，并且致力于运用区块链技术传输资产的研究。在花费了数月精力并且用光了超过 10 万美元的投资之后，阿摩司 · 梅瑞与他的联合创始人大卫（David）和马克（Mark）开始集中精力研究在区块链上转移价值。这个转变让他们建立了

Colu，在该项目推出 5 个月的时间内已经有超过 20 个应用案例。

阿摩司 · 梅瑞表示："作为一个全新的团队，我们发现许多人在刚刚开始就使用区块链技术是非常困难的。因此，我们认为应该开发这么一个平台，来让那些开发人员能够更加容易的基于区块链来发布资产，这是至关重要的。"

Colu 的应用案例非常广泛，从去中心化投票平台到洪都拉斯岛上的"Voto-社会"，还有一个"Warranteer"的项目，能够在区块链上安全地保管产品保修书。

根据 Colu 的更新说明，他们的仪表盘能够让用户看到用户资产状态的全貌，能够检查用户资产的发布和传输，创建和管理资产模板及定制化他们的移动 APP，来更好地体现用户品牌形象。而沙盒应用程序编程接口能够让用户快速监测代码和查看结果。

区块链系统的数据瓶颈

2016 年 6 月 26 日至 6 月 28 日，第十届夏季达沃斯论坛在天津举行。本届论坛主题为"第四次工业革命——转型的力量"，有来自 90 多个国家的政要、企业家、学者及媒体代表约 1 700 多人参加，围绕金融科技话题展开讨论。区块链、比特币、人工智能、大数据等新兴技术成为该论坛的主角。

对于未来金融科技的趋势和前景，中国企业是如何看待的？点融网 CEO 郭宇航称："在科技应用中，点融网最关注的是数据采集分析应用，员工中有 400 名工程师都是从事数据采集和模型构建的。"

宜信创始人、CEO 唐宁称："宜信目前管理着规模达 10 亿美元的新金融产业基金，并已经参与两家金融科技公司的投资，其中一家基于区块链技术进行个人支付，另一家基于供应链为上下游提供金融服务。宜信过去是模式创新驱动，未来将是金融科技驱动业务发展。"

京东金融 CEO 陈生强介绍说："京东金融利用两年的时间已经建立起基于大数据应用的支付、供应链金融、财富管理等七大业务板块。通过学习，京东金融每天申请和发放的贷款有几十万笔，没有一个人工审批，都是系统自动处理，包括审批额度和利率。除此之外，京东金融还把眼光放在全球范围内，寻找最新的技术加以学习吸收。例如，投资数据风控公司 Zestfinance，考察几百家纽约和硅谷的金融机构和科技公司。"

在各大金融机构代表的交流中，大家还同时提到了未来智能投顾的应用前景。唐宁表示："通过机器人投顾，可以同时将上千份资产配置报告进行学习分析，根据用户的风险偏好和资产水平为其提供全球资产配置，同时还可以为投资顾问赋能。"

在达沃斯现场，瑞银银行集团重点介绍了其对区块链技术的探索。早在 2015 年 3 月，瑞银银行集团就启动了研究区块链技术的探路计划，并进行了基于区块链技术的智能债券试验。区块链技术可以自动处理债券发行中发行人与购买人之间的信息和资金，无须第三方中介参与双方交易。

区块链技术在风控、防范欺诈等方面也有很多用途，但是当前存在一些数据瓶颈。郭宇航表示："数据来源比技术更重要，很多公司都具备对数据的分析能力，但由于数据匮乏，风控模型等很难通过智能学习不断完善。"

天安金交所蒲夫生对郭宇航表示认同："得到数据就得到了客户。"蒲夫生曾经是中国一家国有大型商业银行的部门负责人。在他任职期间，他发现银行的一些问题。"原来银行对数据并不敏感。但是现在，客户的社交数据、消费数据、行为数据、金融数据等已经非常重要，通过这些数据就可以为客户画像，有针对性地为客户提供精准的金融产品和解决方案。"蒲夫生如是说。

从中国当前的数据环境看，公共数据分别存储、归属于不同的职能部门，企业的数据资源也仅限于自身体系内部流动，根本没有形成良好的共享和开放。很多平台为了拓展客户都选择与有数据的平台合作，这已经成为企业重要的场景模式。例如，点融网在 2016 年更加注重获取资产，通过与一些电商平台合作获得交易数据，进而分析完成风控，实现对客户的在线审批放款。

在中国信用体系建设还不完善的情况下，政府应当对数据的共享使用划出明确边界，既有利于行业发展，也有利于突破区块链的数据瓶颈。

区块链 + 大数据 = 医疗卫生行业的数据革命

“李主任，在刚刚进行的颅脑磁共振手术中，我发现患者后脑部分可能有些问题。您帮忙仔细看看。”“好的，我马上看。”当时，放射科的李仁战主任正在调休，他坐在自己家里的沙发上，用手机为该名患者进行读片。这对于浙江省台州市三门县人民医院来说，是经常发生的事情。医生在家里通过手机查看病人的影像资料？这在过去想都不敢想。

如今，大数据对于医疗创新起到了关键性作用，胶片影像时代已经成为过去。全球“云医疗”数据系统的建立使得医生、患者可以通过手机、ipad 随时随地地查询患者的病情报告。行业专家认为，大数据及互联网技术的发展将加速新一代医疗服务理念的形成，并极大地改善中国医疗卫生行业现状，创新医疗发展。

国家卫计委副主任金小桃介绍：“健康医疗大数据是多方面数据的汇总，涵盖人的全生命周期，既包括个人健康，又涉及医药服务、疾病防控、健康保障、食品安全和养生保健等。”对于提供更加优质的健康医疗服务体验，大数据可以有效发挥自身价值。例如，互联网健康咨询、预约挂号、医药费结算、医保联网异地结算、移动支付等应用都给人们带来了更加便捷的服务。

基于大数据的“互联网健康医疗”服务在很大程度上解决了老百姓的迫切需求，有利于优化形成规范、共享和互信的诊疗流程。微医集团董事长廖杰远认为，“大数据将极大推动互联网与医疗服务的融合，扩大优质医疗服务的覆盖范围，让更多老百姓享受信息技术发展带来的红利，也更加明确了互联网与医疗服务融合的价值，对于促进整个互联网医疗产业在中国的快速发展有重要意义。”

中国工程院院士李兰娟对廖杰远的观点表示认同，并表示：“未来以大数据为基础的全新医疗云计算模式和以家庭为云终端的健康服务将贯穿家庭、社区和医院，推动医学取得突破，帮助百姓获得实惠。”

截至 2016 年 6 月，已经有部分医改试点省开始尝试对医学检验检查结果实行互认共享，这意味着患者不需要在几个医院重复做各种检查，在一家医院的检查结果可以得到另一家医院的认可。这一改变在很大程度上减轻了病人的费用负担，使病人在享受到医疗质量不变的前提下无须进行不必要的重复检查，缓解“看病难、看病贵”问题。

在大数据的支撑下，所有的常见病例、既往病例都有着清晰明确的记录。医生给病人制定诊疗方案时，可以参考有效、连续的诊疗记录，提高治病效率。也就是说，大数据技术放大了优质医疗资源的延伸。

大数据让健康服务覆盖全生命周期成为可能：从母亲子宫孕育一个小生命到胎儿的出生成长；从围产期保健到新生儿检查、定期体检，直至临终关怀，人们一生中所有的医疗健康数据都会被存储记录下来，为医生的诊断治疗提供参考。

完整的数字医学足迹将会成功构建出一个预防、治疗、康复和自我保健管理一体化的电子云服务。预计到 2020 年，每一个城乡居民都会拥有规范化电子健康档案和功能完备的健康卡，而基于中国国情的健康医疗大数据应用发展模式将会初步建立。

如果每个人都拥有一个个人数据库和电子健康档案，那么各种健康数据和各种生命体征都可以通过可穿戴设备得到及时监控，包括血压、心率等健康数据指标。一旦个体发生病变，指标有了非常规变化，可穿戴设备就可以进行健康提醒。利用大数据分析技术推动覆盖全生命周期的一体化健康服务是未来健康服务管理的新趋势。

尽管医疗卫生行业已经确定大数据可以对人口健康及疾病的预测分析发挥作用，但是我们还需要一个集数据库、开放性、安全性等功能为一体的创新技术来为大数据应用保驾护航，而这种创新技术就是区块链。

现存的医疗数据系统是一个中心化系统，有一个中心控制服务器。作为有着严密组织架构的授权账簿，区块链能够实时核实和记录所有交易。这种运作模式将会颠覆当前医疗卫生行业的信息处理方式。区块链上的每个参与者都可以保留记录，而所有参与者的信息都是一致的，这就避免了有人恶意篡改系统信息，使得区块链上的数据更加安全。

另外，医疗卫生行业解决数据质量问题已经迫在眉睫。因为错误的数据在很大程度上会导致误诊，而且如果同一份病历同时被多人编辑还有可能造成电子病历无法正常更新，吸引黑客攻击。因此，现存的医疗数据系统是不可靠的。例如，同一个病人有多种不同版本的病历，里面的数据还有很大差异，而接手的医生在没有进行核对的情况下就做了诊断。在这种情况下，病人有可能遭受误诊，引发各种生理、心理或经济损失等问题。

有了区块链以后，上述问题将不复存在。因为在区块链系统中，医生、医院及任何一个人都没有权利管理患者的全部数据，而同时，所有区块链上的参与者都会共同维护每个人的信息安全。综上所述，区块链可以在一定意义上避免医疗卫生行业误诊或者恶意篡改数据的行为。

事实上，现存的医疗健康信息交换系统与区块链技术有很多相同点，但关键的不同是区块链上的数据比医疗健康信息交换系统中的数据更准确。一般来说，医生和病人对自己拿到手的病历都是完全信任的，事实上那些病历不一定都是准确的，否则就不会有那么多病人被误诊为癌症而试图自杀的案例。

Gem、Factom、GuardTime 等企业都已经开始构建起自己的区块链架构，研究这一技术在特定领域的应用。其中，Gem 和 Philips Healthcare 合作创建了一个区块链实验室，致力于解决医疗行业的各种问题。对于区块链与大数据的结合带来的医疗卫生行业的数据革命，大家拭目以待。

区块链，让预测市场走得更远

众所周知，大数据可以应用于预测市场，而很少人看到区块链在预测市场方面的潜力。线上众筹平台 Augur 洞察先机，首先发现了区块链对大数据调研、分析、咨询及预测市场的撼动作用，称会提供一种类似于普通博彩的服务。

这项服务是完全去中心化的，其宗旨是“超越体育博彩，开创预测的市场”。用户可以使用这项服务在不同的地点对体育赛事和股票下注，还可以对选举结果、自然灾害等其他的事件下注。

2015 年，Augur 完成了面向全球的众筹，最终筹集到总计超过 520 万美元的比特币。由于 Augur 以以太坊技术为基础，如果获得重大成功的话，将会进一步奠定以太坊在区块链行业中基础架构的牢固地位。继 Auger、DAI Bond，Slock it 之后，我们将会看到更多基于以太坊的项目陆续进入大众视野。

Augur 已经正式进入测试阶段，并开始向首批用户开放。据知情人士介绍，Augur 拥有高级前端设计，而且其市场开发形式超越了简单“是或否”二进制。

Augur 的联合创始人及核心技术开发人员乔伊 · 库克（Joey Krug）说：“我们会把 Beta 测试版本作为 Augur 正式发布前的迭代测试平台。它包含三个阶段：第一阶段是功能有限的买卖单系统；第二阶段是加入共识机制和事件结果解决的支持机制；第三阶段进行正式 REP 测试。”

预测市场、Augur 及信誉代币的含义如图 7-7 所示。

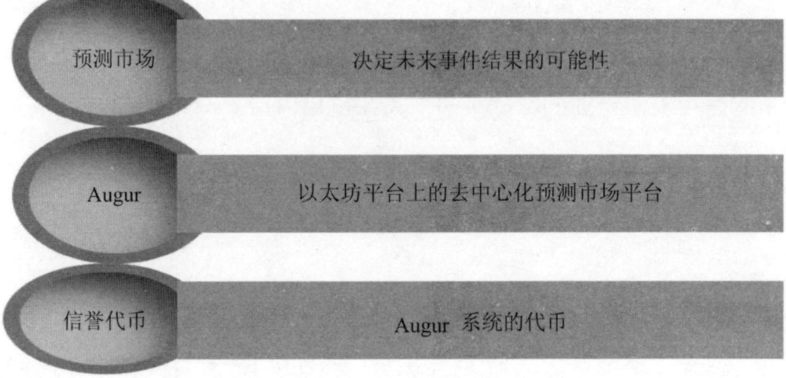

图 7-7 预测市场、Augur 及信誉代币的含义

1. 预测市场

预测市场与股票市场有一些相似之处，两者都支持用户买卖股票。不同的是，股票市场是对一个公司的未来价值进行投机，而预测市场是通过对未来事件结果的可能性判断做出购买决定。例如，一个预测市场可能问“杰布 · 布什（Jeb Bush）会在 2016 年被选为美国总统吗？”，如果“不会”（No）股票的价格是 0.58 美元，可以理解杰布 · 布什落选的可能性是 58%。大量的经济和学术研究发现，当预测市场通过货币的参与有了足够的流动性和交易量时，预测市场就是世界上最精确的预测工具之一。

2. Augur

Augur 是以太坊平台上的去中心化预测市场平台。任何人都可以使用 Augur 为自己感兴趣的话题创建一个预测市场，如谁会当选美国下一届总统，并提供初始流动性，这是一个去中心化的过程。作为回报，该预测市场的创建者可以从市场中获得一半的交易费用。

预测市场的交易流程是这样的：普通用户通过自己掌握的信息进行判断，并在 Augur 上预测、买卖符合自己判断的股票，例如，杰布·布什不会当选美国总统。

当事件发生以后，如果你预测正确，持有的股票是正确的结果，那么你的股票每股将会升至 1 美元，而你的收益就是 1 美元与你当初的买入成本之差。如果你预测错误、持有的股票是错误的结果，那么你不仅不会获得奖励，买入成本还会全部亏损。

与传统的预测市场相比，Augur 在很多方面都是不同的，而最重要的区别就是 Augur 通过区块链做到了全球化和去中心化。全球任何区域里的任何人都可以使用 Augur ，这为 Augur 带来了前所未有的流动性、交易量及传统交易所无法想象的多种视角和话题。

3. 信誉代币

信誉（REP）是 Augur 系统发行的代币。信誉代币就像比特币一样可以分割和交易，是一种与个人的公、私地址相关的“积分”。如果说比特币与黄金的性质类似，那么信誉代币就是信誉的模拟品。

Augur 的实践结果报告机制体现了去中心化特征。在传统的中心化预测市场，中心化的人或组织是事件结果的确定者，而 Augur 采用的去中心化的事件结果报告机制引入了信誉代币，因此显得不同。每当事件发生以后，众多信誉代币持有者对事件结果进行报告，而普通用户无须持有信誉代币就可以在 Augur 上进行预测、交易。

在 Augur 应用之初，持有信誉代币的人每 8 周就会对系统中随机选择的到期事件进行预测结果报告。持有者需要从三个选项里选择一个：一是事件发生；二是事件没有发生；三是模糊不清。如果持有者认为预测结果模糊不清，可以将报告推迟到下一期公布。在事情没有决议之前，持有者有两周时间来做报告。Augur 的开发者希望这一过程能够十分快速地进行，预计等 Augur 普及之后，这一过程有可能在一小时内完成。

在两周的投票期内，如果信誉代币持有者没有按照规定报告指派给他们的事件结果或者报告不诚实，主成分分析法（PCA）会把这些不负责任的持有者的信誉重新分配给那些经常做报告并且信誉良好的持有者。要想从投票过程中获得交易费用，信誉代币持有者必须做到诚实。

第 8 章

巨头在行动，区块链的未来蓝图

在美国及欧洲发达国家，众多区块链创业公司已经成为各种资本、金融大鳄竞相追逐的目标，微软、IBM、德勤等传统 IT 企业也纷纷涉足区块链领域，意图占领先机。2016 年 1 月 20 日，中国人民银行召开“数字货币研讨会”，行长周小川亲自主持，邀请花旗、德勤的专家就数字货币进行了研讨，并在会后发布公告。巨头们的行动更加证明区块链现在正如日中天，我们可以大胆预测，区块链将会在未来商业、企业和政府中扮演着不可或缺的角色。

各国政府态度变化，从比特币到区块链

在比特币发展之初，世界各国政府对其态度各有不同。面对这种疯狂的虚拟货币，各国政府的反应如何？我们一起来看看比特币热潮席卷下的各国情况。

积极应用比特币的政府

积极应对比特币的政府有美国、德国、阿根廷、肯尼亚等，如图 8-1 所示。

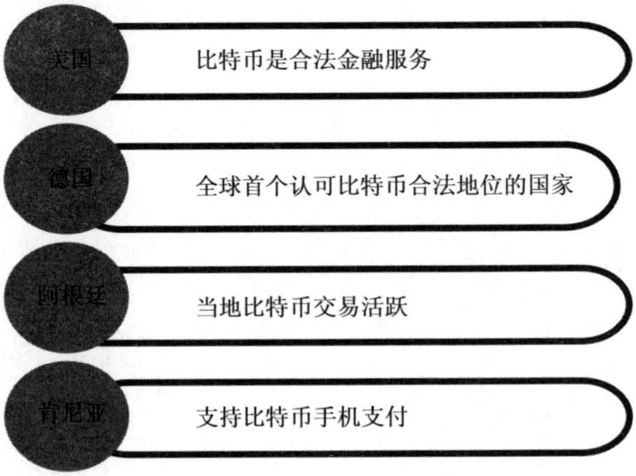

图 8-1 积极应对比特币的政府

（1）美国：比特币是合法金融服务

美国执法部门捣毁比特币地下钱庄“丝路”的事件曾经导致比特币的价格大幅下降，然而美国联邦政府机构（包括美国司法部和财政部等）在对国土安全和

政府事务委员会的致信中称，“比特币在线支付系统所提供的金融服务是合法的”。美国政府发现了数字货币的好处，并开始关注其风险控制方法。

美国政府对比特币金融服务的合法肯定表现在该国在对待虚拟货币上的态度由抵制转向认可与鼓励，这也使得当时的比特币价格创新高。在此之前，美国政府一直强调比特币使得洗钱及其他非法活动更加活跃。

（2）德国：全球首个认可比特币合法地位的国家

德国财政部在 2013 年 8 月正式承认比特币是一种合法货币，而且比特币的持有者可以使用比特币缴纳税金或者用作其他用途。自此，德国成为全球首个认可比特币合法地位的国家。

德国财政部正式将认可比特币是一种“货币单位”和“私有资产”，意味着与比特币相关的商业活动盈利将被征收税款，而同时宣布个人使用比特币可以获得免税待遇。

（3）阿根廷：当地比特币交易活跃

2014 年初，阿根廷的经济危机使得资金持续外流，国内经济发展出现停滞，民众的财产难以得到保护。在这种形势下，阿根廷民众试图找到一种新的投资方式来保证自己的财产保值，因此比特币交易在当地活跃起来。然而，阿根廷政府对于比特币的监管措施还没有明确表示。

（4）肯尼亚：支持比特币手机支付

虽然肯尼亚是非洲贫穷国家，但是肯尼亚 90% 以上的家庭都有手机，而且大多数民众使用移动支付系统进行交易汇款等。肯尼亚的移动支付系统除了支持本国货币以外，还支持比特币支付服务。据悉，比特币在肯尼亚的宣传范围非常广，汽车和马路上都可以看到比特币的广告，这足以说明比特币已经被一部分肯尼亚民众所接受。

对比特币持观望态度的政府

在比特币发展之初，对比特币保持观望的政府有加拿大、英国、日本、以色列等，如图 8-2 所示。

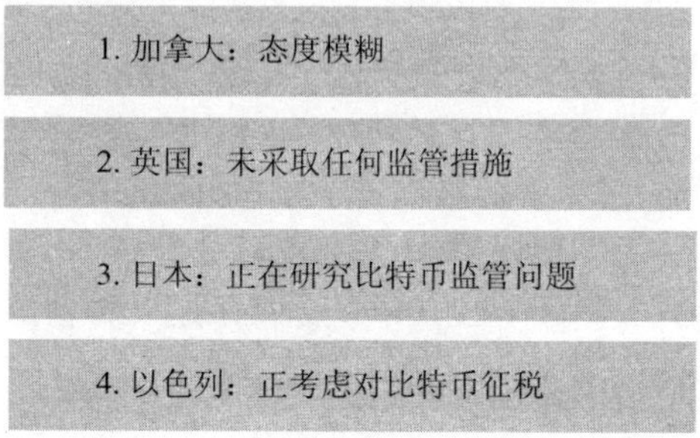

图 8-2　对比特币保持观望的政府

（1）加拿大：态度模糊

在合法性上，世界上很多国家对比特币的态度都非常模糊，加拿大政府就是其中之一。然而比特币在加拿大民间的发展非常火热，很多商店都接受比特币支付，全球首台比特币 ATM 机 2013 年 10 月底在加拿大正式启用。这个全球首台比特币 ATM 机将执行虚拟比特币兑换加元的业务。

（2）英国：未采取任何监管措施

2013 年夏季，英国政府宣布就比特币应用问题进行调查研究，然而相关官员明显对比特币的匿名性表示担忧，因此在研究之后没有采取任何监管措施。

（3）日本：正在研究比特币监管问题

位于日本东京的全球最大比特币交易平台 Mt.Gox 在 2014 年 2 月 25 日下线，正式宣告破产。然而日本政府并没有针对比特币及其他数字货币进行监管。有官员表示日本有关部门正在研究比特币的监管问题。

（4）以色列：正考虑对比特币征税

以色列政府部门没有承认比特币作为货币的合法地位，但是其税务管理局已经考虑对比特币交易的盈利进行征税。以色列有一个对比特币活动充满活力的环境，大部分零售商都已经开始接受比特币，不过相关机构在比特币的立场上一直是模糊不清。

抵制比特币的政府

在比特币发展之初，抵制比特币的政府有中国、俄罗斯、泰国、挪威等，如图 8-3 所示。

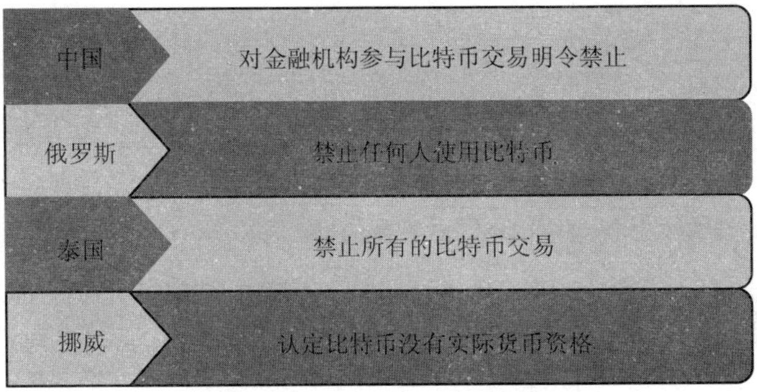

图 8-3　抵制比特币的政府

（1）中国：对金融机构参与比特币交易明令禁止

2013 年 12 月，中国政府部门发布《关于防范比特币风险的通知》，明确比特币不是真正意义上的货币。理由是比特币不是由央行发行，所以不具有法偿性与强制性等货币属性。同时，该通知还命令禁止金融机构提供比特币交易服务。随后，央行还约谈了银行、支付宝、财付通等第三方支付的负责人，要求停止与比特币有关的支付渠道运作。这一行为直接导致比特币价格跌幅达到 50%。

（2）俄罗斯：禁止任何人使用比特币

2014 年 2 月初，俄罗斯政府宣布比特币及其他虚拟货币的使用会加大公民财产的损失风险，所以不能在俄罗斯国内使用比特币。俄罗斯央行发布监管声明称："使用虚拟货币的交易活动将被视为非法行为，任何个人和法人实体均不得提供这种服务。"

（3）泰国：禁止所有的比特币交易

2013 年 7 月底，泰国政府相关部门将比特币定性为非法。泰国监管机构称："因为目前缺乏适用的法律、资本控制及比特币涉及多个金融因素的事实等原因，建议规定在泰国进行以下比特币相关行为为非法：（1）买卖比特币；（2）以比特币买卖任何商品或服务；（3）将比特币转移到泰国以外地区；（4）从泰国以外地区接收比特币。"

（4）挪威：认定比特币没有实际货币资格

在挪威，比特币也遭到了打压。挪威政府相关部门表示虚拟货币比特币不具备实际货币资格，它仅仅是一种资产，而且还会开始征收资本利得税。

挪威税务局局长 HansChristian Holte 指出："比特币并不符合金钱或货币的一般定义。我们就如何正确地将比特币纳入征税系统做了一些评估。"

对比特币表示示警的政府

在比特币发展之初，对比特币表示示警的政府有欧盟、法国、韩国等，如图 8-4 所示。

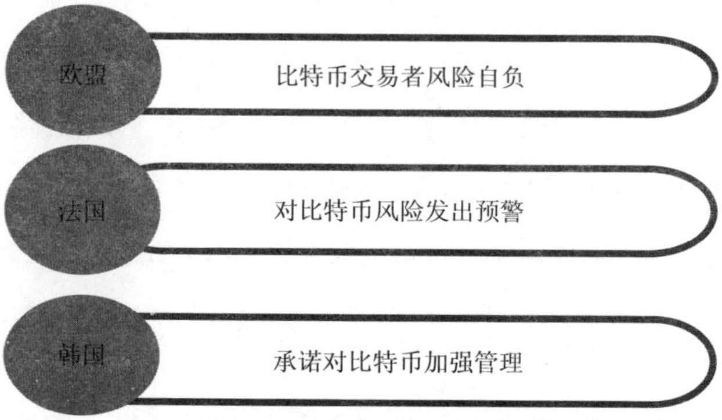

图 8-4　对比特币表示示警的政府

（1）欧盟：比特币交易者风险自负

2013 年 12 月初，欧洲证券及市场监管局（EBA）正式警告消费者使用比特币等不受法律保护的虚拟货币风险自负，一旦电子货币系统或交易网站发生意外将无法获得任何赔偿。尽管欧盟可以禁止虚拟货币流通，但是并没有确立实际执法程序，因此只是警告消费者使用比特币等虚拟货币要小心。

（2）法国：对比特币风险发出预警

2013 年 12 月初，法国政府对比特币风险发出预警。法国央行明确表示："比特币的价格本质上是波动的，而使用者也很难将其转换成真实货币。同时，比特币的匿名性也存在诸多风险，因为它们可能会被用来洗钱或资助恐怖主义行动等。"

（3）韩国：承诺对比特币加强管理

韩国政府没有把比特币视为非法货币，但已经承诺对比特币等虚拟货币交易加强管理，尤其是利用比特币等虚拟货币开展的洗钱活动及其他违法活动等。在韩国民间，部分商店接受比特币支付，如你可以使用比特币购买汉堡等。

对区块链持支持态度的政府

随着比特币的发展成熟，其底层技术区块链开始成为各国政府关注的焦点。由于区块链应用不仅限于数字货币，因此大部分政府对区块链保持乐观支持态度，如图 8-5 所示。

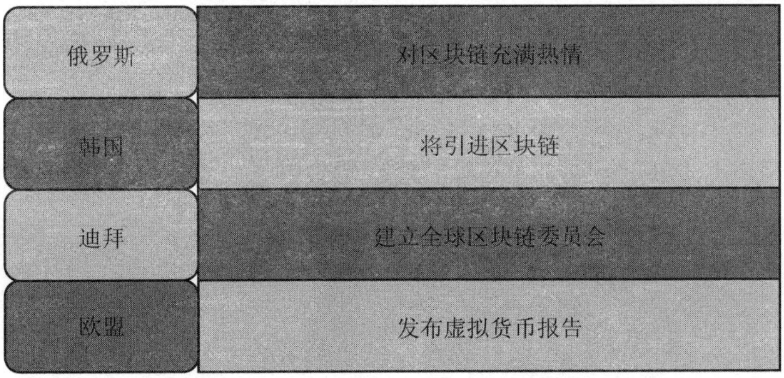

图 8-5　各国政府对区块链的积极态度

（1）俄罗斯：对区块链充满热情

与对比特币的抵制态度不同，俄罗斯对比特币的底层技术——区块链充满了热情。随着俄罗斯央行对区块链技术迈出的一步，俄罗斯政府对加密货币的态度转变也不无可能。

俄罗斯央行正在组建分析、评估应用新兴金融科技可能性的工作小组，旨在分析区块链技术、移动技术、支付技术等金融领域的创新技术。俄罗斯一向对比特币采取强硬的抵制态度，然而与当初财政部将使用比特币定性为非法行为相比，情况已经有所改变。

截至 2016 年，俄罗斯境内的加密货币用户已经超过 20 万名，居全球第五。因此如果俄罗斯政府对比特币等虚拟货币的态度转变，虚拟货币在俄罗斯的发展将会更进一步。俄罗斯国家杜马委员会与反腐败部门副主席 AndreiLugovoi 表示，“2016 年初，在财政机构和企业的几次会议之后，央行很可能会开始考虑合法化比特币和监管比特币交易，尤其是 P2P 交易及个人业务托管。”

（2）韩国：积极引进区块链技术

韩国证券期货交易所（KRX）已经使用区块链技术做出建立开放交易平台的初期计划。这一开放平台将会把场外交易市场（OTC）的买家和卖家聚集起来，让他们更容易找到交易伙伴，降低参与成本，从而推动交易的进行。

（3）阿联酋：建立全球区块链委员会

2016 年初，阿联酋迪拜未来博物馆基金会建立了全球区块链委员会，目的是推进创新发展，在全球范围内推进区块链技术。迪拜未来博物馆基金会主席 AlAleeli 表示：“2015 年通过区块链平台实现的交易增长了 56%，这一显著增长意味着在相关领域优化运用这项技术的巨大机遇。在今后 4 年内，区块链全球投资额可达 3 000 亿美元。”在探索区块链技术的最佳使用方式上，全球区块链委员会将会为区块链和数字货币的发展发挥重大作用。

（4）欧盟：发布虚拟货币报告

欧洲议会发布的虚拟货币报告总结了虚拟货币及区块链技术的几个优势，包括可以大幅度降低交易过程中的支付和资金转移成本、对经济发展和消费者福利做出重要贡献、提高支付效率和弹性、跟踪记录交易、防止不法行为等。

同时，欧洲中央银行对区块链表示开放支持，并声称将会对区块链及分布式账簿技术与支付、证券托管及抵押等银行业务的相关性进行评估。

实际上，各国政府对于区块链技术持有乐观对待的态度，如中国、美国等。另外，日本、澳大利亚等国家还准备把比特币视作货币。中国人民银行调查统计司司长盛松成表示："数字货币技术将提升中央银行对货币发行和流通的控制力，使货币政策的运作和传导更有效，也能使货币政策更好地服务于经济稳定与发展。"

投行高盛《区块链：将理论应用于实践》报告核心解读

高盛集团（Goldman Sachs）是一家享有国际盛名的投资银行和证券公司，总部在美国纽约。作为世界财富 500 强企业之一，高盛集团的业务范围涵盖投资银行、证券交易和财富管理。高盛在香港设有分部，并分别在美国、亚太地区和欧洲 23 个国家和地区设有 41 个办事处。

2016 年 5 月底，高盛发布《区块链：将理论应用于实践》报告，展示了区块链将在金融服务、共享经济及房地产领域如何大显身手。

作为比特币的底层技术，区块链对传统技术的突破在于建立了以 P2P 为基础的去中心化新体系。区块链系统的去中心化使得整个网络内的自证明功能成为现实，由中心化的第三方机构进行统一的账簿更新和验证已经成为过去。

行业人士称，比特币是区块链技术的第一个应用，比特币的发展及成熟证明区块链通过去中心化和去信任的方式集体维护一个可靠数据库的方式是可行的。很多华尔街投行都对区块链技术表示相当看好，而高盛只是其中之一。

在长达 88 页的《区块链：将理论应用于实践》报告中，高盛开篇称："关于区块链技术的讨论，在过去一直都是抽象的，关注的焦点也都是市场去中心化及去第三方中介的机会，现在我们将关注重点从理论转向实践，研究区块链技术在现实世界中的应用场景。高盛关注的区块链应用有 5 个，如图 8-6 所示。

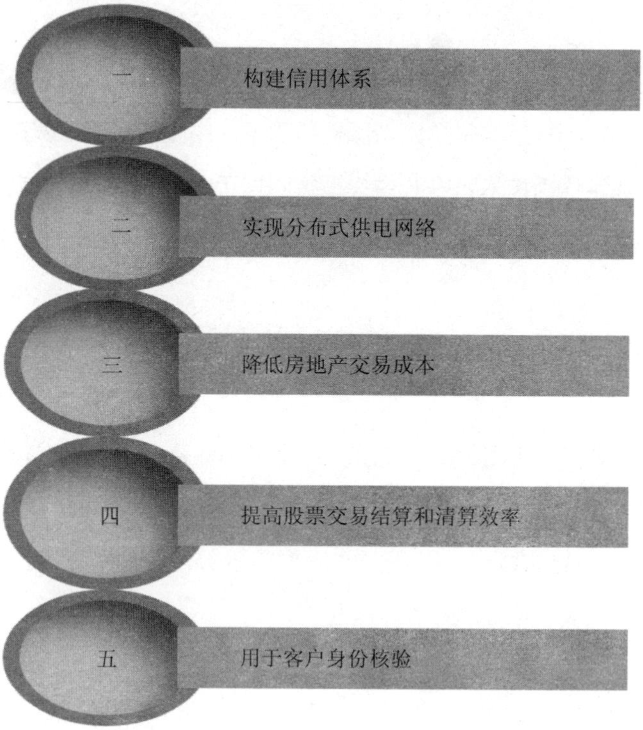

图 8-6　高盛关注的 5 个区块链应用

应用一：构建信用体系

在构建信用体系方面，区块链技术与 Facebook 有异曲同工之处。当区块链系统记录了人们的网络身份信息，就可以进一步与共享经济或者其他行业的网站评价及评分系统相互衔接。在信用调查时，对方只需要输入你的身份 ID，就能获取你的信用值，从而知道你是否具有可信度。与 Facebook 不同的是，区块链不能简单地通过删除账户或者重新注册来解决差评的问题。因为在区块链上，你的身份具有唯一性，所有的记录都是无法被篡改的，也不会出现重复记录。

高盛发布的《区块链：将理论应用于实践》报告写道："Airbnb 等 P2P 住宿平台致力于利用私人住所打造公开市场来变革住宿行业，但是人们对这种服务的接受程度不容乐观，因为人们的人身安全及财产损失得不到保障。如果通过引入安全且无法篡改的数字化资质和信用管理系统，我们认为区块链将会提升 P2P 住宿的接受度。"

高盛还称："住宿行业可能采用区块链技术的企业包括 Airbnb、HomeAway 及 OneFineStay 等，市场规模高达 90 亿美元。"

应用二：实现分布式供电网络

目前，家庭和企业使用的电都是由供电机构提供的。而区块链技术的引入或许可以实现分布式供电网络，让居民可以自己发电然后在网络上售卖。区块链还可以保证网络售电交易的安全，因为所有的交易均由这一网络签名，购买过你的电量的客户无法抵赖说他没有购买，毕竟区块链的记录确确实实存在。

高盛发布的《区块链：将理论应用于实践》报告写道："随着太阳能及高容量电池技术的发展，个人很有可能成为分布式电力供应者。我们认为，对于相互之间没有任何关联的人来说，利用区块链技术就能在分布式网络中实现个人之间的安全电力交易。"高盛认为，TransActive Grid 及 Grid Singularity 都是可能的使用者，市场规模达 70 亿美元。

应用三：降低房地产交易成本

在当前的房地产交易中，购买者需要人工确认卖方对房屋的所有权。这种确认方式的成本高昂，而且出错率较高。如果房地产的所有权信息都由区块链存储，那么购房者就可以轻易查询到卖方是否拥有对房屋的所有权。

高盛发布的《区块链：将理论应用于实践》报告写道：“想要购买新房或者利用产权进行再融资的房主，面临着很大的交易成本，包括产权保险，其中产权确认可能要耗费大量人力成本。随着业务流程的改变，区块链可以通过减少差错和人力成本让产权保险费用降低。引入区块链技术后的房地产产权确认流程将会极大简化传统的房地产交易产权确认流程。”

应用四：提高股票交易结算和清算效率

在股票交易中，大概有 10% 的过程都是人工处理的，如果使用区块链技术，那么整个过程将会自动执行。股票交易指令的执行环节是比较简单的，但是交易指令执行后的结算和清算环节则非常复杂，而区块链可以在这个环节发挥重要作用。

高盛发布的《区块链：将理论应用于实践》报告写道：“通过在交易启动时引入协议，区块链能消除一些最常见的交易后的问题及差错，如错误的结算指令和账户 / 指令细节等。当前，这些细节的确认由多个参与方（DTCC、托管行、经纪商和客户）在整个交易周期的多个时点进行。如果区块链能在这些参与方中完全加以应用，其中很多属性可以打包进智能协议，从而变成交易指令执行之前的要求，而不是在交易后要求多个参与方核验并同意。”

高盛认为，区块链技术将会使美国每年节省 20 亿美元的股票交易成本。从全球范围来看，如果交易成本与股市市值成比例，那么每年节省的交易成本则达到 60 亿美元。

应用五：用于客户身份核验

数据如果储存在区块链系统中，将会帮助金融企业按照监管要求对新客户进行身份核验，就像区块链技术在 Airbnb 中的应用一样。

高盛发布的《区块链：将理论应用于实践》报告写道："在区块链中储存账户和支付信息，能够对新开账户设定标准化的要求，从而提升数据质量，也可以减少错误的被识别为'可疑交易'的情况。记录不可篡改的这种特性，也让金融企业了解客户、符合反洗钱监管要求更加容易。"

区块链蕴含的投资机遇和创业机会

区块链结构主要分为通用协议层、数据层、网络层及应用层 4 个层次，每一个层次都蕴含着丰富的投资机遇和创业机会，如图 8-7 所示。

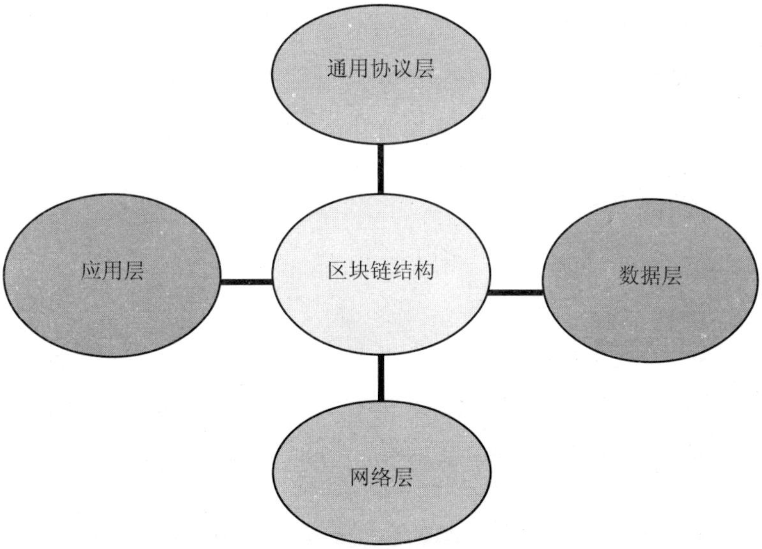

图 8-7　区块链结构的 4 个层次

1. 通用协议层

隐私保护协议、职能合约协议等都是主要的区块链通用协议。由于开发通用协议需要有极其深厚的技术功底，所以国内还没有人在相关方面创业。随着中国互联网技术人员的水平不断提升，将会有人成为第一个吃螃蟹的人。

2. 数据层

区块链结构的数据层主要包括非对称加密技术、分布式数据库等内容。截至 2016 年 7 月，国内有超过 100 家企业从事基于区块链技术的数据登记、储存、公正、安全、识别、认证等业务。

3. 网络层

网络层应用的开发主要是做好相关的底层技术，为使用不同区块链技术的人提供一个操作平台。例如，以太坊平台将不同的区块链技术、不同的公司账户聚集到同一个平台上，让他们在以太坊平台上更好地进行操作。由于开发技术问题，网络层应用的创业是相当困难的，但是回报非常高。一旦创业成功，开发者就可以在上面做各种各样的开发应用，吸引大量的企业进行注资。对于行业来说，这也是非常大的机遇。目前，只有以太坊是一个成功案例，希望国内企业也能尽快获得成功。

4. 应用层

应用层指的是以分布式网络和分布式账户为基础的各种具体应用。所有需要进行数据记录的行业都可以使用区块链技术来提升工作效率，较低成本，还将会创造一种新的商业模式。应用层的投资是典型的商业化投资，商业利益非常清晰。

从应用层来说，区块链有三大优势。第一，区块链可以用于避免对单一中心的依赖，防止中心的道德腐败；第二，区块链可以为金融机构提供跨境支付和外汇的解决方案，使结算效率低于 3 ～ 6 秒，比如 Ripple；第三，区块链可以降低银行的交易成本，据风险投资人 Anthemis 报告，如果采用区块链技术，到 2022 年以前银行每年可以节省 150 亿～ 220 亿美元。

以上是区块链领域蕴含的创业机会，下面大家一起看看区块链领域挖掘投资机遇的 3 个维度，内容如图 8-8 所示。

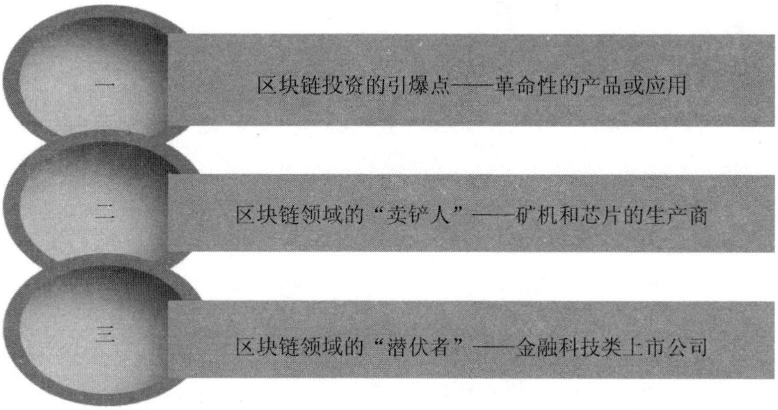

图 8-8　区块链领域挖掘投资机遇的三个维度

1. 区块链投资的引爆点——革命性的产品或应用

“R3 CEV”区块链联盟、瑞波币的发行与维护公司 Ripple Labs、以太坊、小蚁和井通（北京）科技 5 家国内外公司分别在交易结算、跨境支付、开源平台、非上市公司股权转让和采购平台等方面有所突破，投资人可以重点关注。

2. 区块链领域的“卖铲人”——矿机和芯片的生产商

数字货币矿机的制造主要在于专用芯片。国内的矿机和芯片生产商有深圳烤猫、嘉楠耘智及比特大陆等。国外的矿机和芯片生产商主要有硅谷比特币创业公司 21 Inc、比特币矿机开发公司 Butterfly Labs、以色列的比特币采矿企业 Spondoolies Tech 等。

3. 区块链领域的“潜伏者”——金融科技类上市公司

在这方面，投资人可以关注金融科技类公司在区块链领域的研究开发、参与或设立区块链产业投资基金及相关并购活动。这方面的公司主要有恒生电子、飞天诚信、广电运通和信雅达等高新技术企业。

Bitpay 融资 3 000 万美元，下一个独角兽

Bitpay 比特币支付平台相当于线上支付龙头 Paypal 的比特币版本。BitPay 可以向商家提供各种支付的后端技术支持及前端购买按钮的嵌入服务。在交易过程中，BitPay 接受用户的比特币，然后将比特币换算成真钱，打到商家的账户里。由于 BitPay 大大降低了交易成本和时间，而且商家拿到手的还是真钱，因此受到了很多用户的青睐。尤其是跨境交易，商家接受汇款的流程非常麻烦，而且手续费高昂，而 BitPay 则通过比特币降低了交易成本。

2015 年年底，全球发展最快的数字游戏交易市场 G2A. COM 与 BitPay 宣布达成合作， G2A 将在其 G2A.COM 市场接受比特币支付。G2A 已经携手领先的企业支付处理平台 BitPay 处理他们的比特币交易。

G2A.COM 全球支付执行副总裁 Bob Voermans 表示："G2A.COM 非常高兴确认 BitPay 将成为我们值得信赖的合作伙伴。如今，BitPay 是 G2APAY 所提供建议的一部分。通过增加比特币支付方式，G2A 的买卖双方将会受益于一种伟大的全球支付方式。据我估计，此次合作将加快卖家增长，因为客户将在 G2A.COM 市场购买得更加频繁。"

BitPay EMEA（欧洲、中东、非洲三地区的合称）总经理马塞尔·罗隆（Marcel Roelants） 也表示："对于和 G2A 的合作，我们感到非常高兴。这有助于我们面向更多游戏用户扩大比特币支付范围。游戏等数字产品本身就是没有边界的，而使用比特币作为全球支付手段将进一步丰富在线体验。"

2016 年 5 月初，Valve 游戏开发公司也宣布与 Bitpay 达成合作，万众期待的比特币支付方式也来到了游戏平台 Steam。Bitpay 方面表示，Valve 在此次合作中是主动方，因为 Valve 期望游戏平台 Steam 的运营可以走向国际化。对于新兴市场的 Steam 用户来说，BitPay 让他们购买游戏变得更加方便。

Bitpay 在博客中说道："在很多国家，大多数用户都可以上网，但是像信用卡这样的传统支付方式可能依旧没有流通。作为全球性质的货币，比特币可拉近 Steam 在全球每个市场与玩家的距离，也不存在卡片支付的较高手续费或者被欺诈的风险。"

除了 G2A.COM 与 Valve，BitPay 还得到了众多企业的信赖，包括微软、在线支付公司 Adyen 和 Neteller 等。据 BitPay 披露的数据，BitPay 2014 年全年处理的比特币交易额为 1.588 亿美元，平均每天为 43.5 万美元。

截至 2016 年，BitPay 已经完成 270 万美元的种子轮融资及金额高达 3000 万美元的 A 轮融资。BitPay 的种子资金是由李嘉诚通过旗下私人创投基金维港投资（Horizons Ventures）与其他投资人共向注资的。其 A 轮融资由英国维珍航空创办人查理德 · 布兰森（Richard Branson）及雅虎创办人杨致远领头的财团注资，公司估值为 1.6 亿美元。BitPay 的 A 轮融资是比特币界有史以来最大的一笔融资。

Bitpay 总裁托尼 · 加利皮（Tony Gallippi）表示："公司将会把资金用在拓展国际业务方面，重点发展新兴市场，扩大公司的员工规模，并将印度这样很少人拥有银行账户的国家作为重点推销对象。此外，公司还会为 BitPay 增加一些新功能。"

早在投资之前，查理德 · 布兰森就已经和 Bitpay 签订了合约。查理德 · 布兰森表示，他之所以选择投资 Bitpay，是因为他坚信银行业正面临重大的改革和创新，而维珍航空已率先进入"替代支付"（非现金支付）的模式。

投资 Bitpay 之后，维珍集团旗下的商业太空航空公司维珍银河率先使用了比特币支付方式，用户可以用比特币购买机票。维珍银河还制定了预付 25 万比特币获得太空旅行套餐的优惠活动。

查理德 · 布兰森还说："在振奋人心的货币革命中，比特币作为一种服务，将会持续建立消费者对数字货币的信心，推送数字货币的发展，而 Bitpay 或许就是下一个独角兽。”

智能合约平台 Symbiont 获 700 万美元融资

2016 年 1 月 13 日，据 Symbiont 公司内部人士透露，智能证券交易平台 Symbiont 已经完成 700 万美元的 A 轮融资，获得 7 000 万美元估值。

Symbiont 是由 Robby Demody、Evan Wagner 和 Adam Krellenstein 创立的合约币（Counterparty）项目与 Mark Smith 的 Money f（x）公司合并而成的。根据 Symbiont 公司的网站介绍：“Symbiont 正在建立首个用于发行区块链智能证券和交易智能证券的平台。”

智能证券是一种可用特定规则编程，描述智能合约的术语。在 Symbiont 平台上，所有的智能合约都是使用区块链技术来编程化传统证券。

作为 Symbiont 智能合约平台的前身，合约币项目建立在比特币区块链之上，是早期 Bitcoin 2.0 项目之一。在本质上，合约币不仅仅是比特币的 P2P 支付网络，还允许用户执行不同的金融应用，并且受到比特币区块链系统的保护。此前，合约币项目在种子轮融资中获得 125 万美元投资，投资人包括前城堡衍生品集团（Citadel Derivatives Group）联席 CEO 马特 · 安德森（Matt Andresen）及前纽约证券交易所 CEO 邓肯 · 尼德奥尔（Duncan Niederauer）。

“已经有越来越多的风险资本进入智能合约领域，这是非常好的现象，这表示区块链解决方案顺应市场发展需求。然而，我们不能把融资金额的多少作为一个成功的标志。我们会看到，一些公司融资很少但是做得非常好，还有一些公司虽然融到大量资金，最后却反而失败了。我们更应该专注于理解部署、使用和实际客户创新的状态评估区块链对金融服务的影响。”虚拟资本风险投资公司（Virtual Capital Ventures）合伙人 William Mougayar 表示。

早于 Symbiont 智能合约平台的 A 轮融资，基于比特币区块链的智能合约交易平台 Mirror 在 2015 年 6 月初便获得 A 轮 880 万美元融资。投资公司 Route 66 Ventures 是领投方，其他跟投方包括巴特利风险投资公司（Battery Ventures）、交联资本（Crosslink Capital）、RRE Ventures 及蒂姆·德雷珀（Tim Draper）。

2014 年 5 月，Mirror 公司的前身 Vaurum 获得了 400 万美元的种子资金，投资方包括巴特利风险投资公司，蒂姆·德雷珀及 Verizon 旗下互联网公司 AOL 的 CEO 史蒂夫·凯斯（Steve Case）。

纽约时报曾经提到 Mirror 的 A 轮融资，称 Mirror 在该公司在密码学家和数字货币研究者尼克·萨博（Nick Szabo）的帮助下融得了 1 250 万美元，然而 Mirror 公司并未作出任何回应。

Mirror 公司 CEO 艾维许·巴阿玛（Avish Bhama）声称："当前，金融服务行业正发生着一场巨大变革，我们已经看到一个前所未有的机遇。接下来，我们将致力于为风险管理与套期保值提供更先进、更高效的服务。"

两轮融资共为 Mirror 带来了 1 280 万美元的创业资金，在这笔资金的支持下，Mirror 公司将会建立工程团队并拓展其国际业务。

进入区块链领域，你需要准备什么

区块链席卷全球的局势已经基本建立，东风将起。在各种利好集中降临的时刻，那些提前进入再造互联网领域，提供建设价值互联网最原始资本的人，注定会首先品尝到区块链带来的丰厚回报。

但是，不要急，请你先仔细审视自己是否真正理解了区块链。2015 年 12 月底，美国《连线》杂志对区块链进行了如下报道："区块链是一个伟大的设计模式，但是，我们怎样才能将它应用到商业当中？做到这一点的关键是什么？这就是组织应当思考的。”

区块链可以用于跟踪任何承载价值的东西，包括金钱、股票、债券及像房屋和汽车一类的资产。自 2015 年以来，越来越多的区块链项目出现在人们视野中。如果你对区块链在市场和技术方面的表现感到懵懂，说明你对区块链领域还比较陌生，那么你还不能贸然进入区块链领域。在价值互联网建设刚刚起步的时候，你应当准备充足，找准投资方向，然后再筛选出几个独角兽，目睹下一个巨兽的成长历程。进入区块链领域的投资人需要做的准备有 3 个方面，内容如图 8-9 所示。

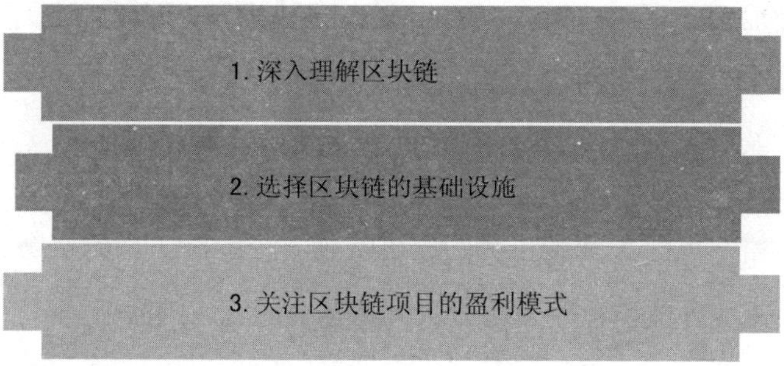

图 8-9　进入区块链领域的投资人需要做的准备有 3 个方面

1. 深入理解区块链

要想进入区块链领域，在早期市场中达到投资精、准、快，首先得搞清楚区块链是什么，这是没有捷径可走的。目前，区块链还没有明确的、公认的定义，但是其显著特性有 6 点：分布式、共同维护、唯一性、可靠、开源和匿名性。

区块链是使用分布式集体运作的方法，实现一套不可篡改的，必然可靠信任的、获取共识的数据库技术方案。尽管历史上很多投资人在不懂互联网技术的情况下就可以成功投资 TMT，但是这种投资行为是在信息互联网建设超过 40 年之后才逐渐流行起来的。而区块链技术应用的研发尚处于价值互联网发展早期，而且同时涉及政治、经济、社会、金融、法律、计算机、互联网、物联网、人工智能、电子商务、工业 4.0、大数据、云计算等多个领域。

2. 选择区块链的基础设施

就像动植物生存依赖土地，价值互联网的发展成熟也需要依赖区块链基础设施，否则就会因为根基不稳而化为泡沫。作为进入区块链领域的风险投资人，最大的风险和机遇就是对区块链基础设施的选择。信息互联网的基础设施为个人电脑、智能手机、路由器、服务器、交换机、防火墙等设备，而价值互联网时代的基础设施主要是实现价值创造、流通和存储等交易行为的区块链应用系统。

截至 2016 年 11 月，区块链技术出现时间已经满 8 年。在 8 年的历史里，很多豆腐渣区块链应用系统都没有扛住打击，从而淡出人们视线。根据 coinmarketcap.com 的统计，当前公开运行的区块链系统接近 700 个，没有公开的行业专用私链约 100 个。在这种情况下，投资人需要通过一些指标判断区块链系统的价值高低。下面给出三项参考指标。

一是系统模块开源。从原则上说，区块链系统的模块都应该开源，就连私链也需要在联盟内部开源。这是实现共识的基本要求，否则就有耍流氓的隐患。

二是市场份额及参与的用户数。目前比特币区块链、以太坊的区块链及有待观察的 BTS 都是满足这一指标的项目。

三是参与机构或者旗手。在国外，投资人应当重点关注麻省理工媒体实验室及 Linux 基金会所推出的“Open Ledger Project”项目的进展，项目参与机构包括 IBM、Cisco、VMware 等设备领域巨头及众多金融界企业。在国内，投资人可以重点关注工信部标准机构及 2016 年 3 月 25 日在上海正式挂牌成立的互联网金融协会。

3. 关注区块链项目的盈利模式

作为投资人，无论投资什么项目，最关心的就是盈利模式。对于即将进入区块链领域的投资人，应当重点关注区块链在价值互联网中的应用场景和盈利模式。价值互联网的内涵就是创造价值、传递价值、存储价值，其核心是通过区块链技术构建一个全球性的分布式数据库操作系统。它可以记录所有具有价值的东西，包括对资产的拥有权和使用权、出生和死亡证明、结婚证、学历、医疗数据、投票、能源等所有可以用代码来编程表示的东西。

尽管区块链首先爆发于金融领域，在华尔街引起了轰动，但是除了金融业的创新项目以外，还有很多区块链创新项目是可以投资的。在这里，投资人应当看清实质：区块链技术的优势在于永久存储信息并通过编程化的代码进行产权确认、计量和交易。由于区块链确定了数据的所有权，让每一个个体和机构都知道“我创造出的数据是我的”，创造更多数据的内在激励将因此而生。另外，区块链让互联网有了大脑和记忆，让数据“无授权，不能动”。

在这些业务环节中，创业企业可以找到新的应用场景，创新区块链的应用价值。这是与信息互联网最大的不同，价值互联网的信息不只是信息，还承载着价值和产权。

面对区块链带来的价值互联网潮流，现有的互联网巨头们很难应对。因为这种分布式潮流改变了信息互联网数据由中心控制者掌控的局面，动摇了互联网公司的生存基础。在价值互联网潮流的早期阶段，作为投资人的你，可以开展一些类似黑客马拉松的项目，发现人才，提前布局。

下一个阿里巴巴，或许在此产生

当前基于移动互联网的各种技术创新已经改变了人们的生活。当美团、滴滴打车、优步及各种随处可见的 O2O 服务成为我们生活的一部分，依旧将眼光放在现在就显得没有意思了。为何不探讨一下未来？在未来，这些杀手级应用会被什么技术取代？未来的全新世界是什么样子的？

你所乘坐的飞机航班是通过微信公众号预定的，飞机降落后你使用滴滴叫到一辆专车，10 分钟后你到达在美团上预定好的酒店房间，这里位置非常好，就在你明天开会会场的附近……这种方便快捷的商务旅行生活已经成为一种常态，只要使用当今众多的标志性移动应用就可以实现，如去哪儿、滴滴、美团等。人们对这些应用几乎达到了寸步不离的程度。

下面，我们想象一下自己来到 10 年后的 2026 年。那时的生活一定已经发生巨变：你可以立即找到提供所有这些服务的供应商，使得交易过程变得更加快捷，不再需要借助第三方平台，即从图 8-10 转变为图 8-11 模式。

图 8-10　当前用户获取服务的模式

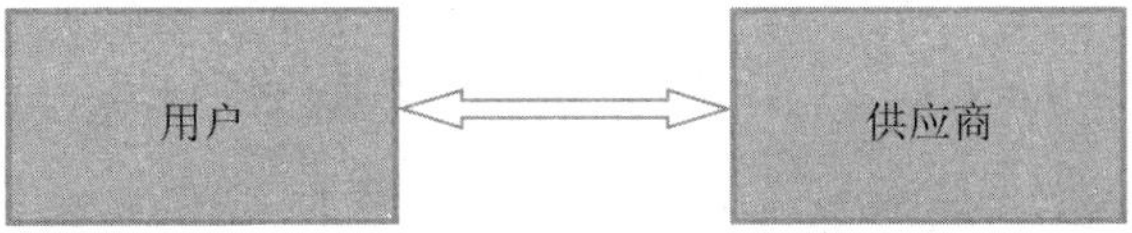

图 8-11　10 年后用户获取服务的模式

在未来世界里，获取所有服务的渠道都处于同一个网络中，就像邮件一样采用 P2P 的方式，从而省去加入第三方平台的繁冗手续。而且，这个网络中的信息交互都是通过分布式运算引擎上运行的加密算法自动完成的，从而不会受到任何个体或组织的控制。

至今为止，这种“无平台”假设依然没有成为科技界主流的原因非常明显，因为它的竞争对手非常强大，它们常常是先提供免费的服务，然后通过广告或者用户数据来变现，最后成为霸占市场的集中式平台。然而，无平台趋势已经逐渐占有先机。因为互联网的发展让公司、组织及个人相互联结在一起，直接进行交易而不需要借助第三方平台。

这一次，我们将数字货币的“幕后主使”拉出来，将各种移动应用背后的复杂机制转变为一个更完美的系统，帮助你预订机票、订车、订酒店，顺便为你提供几首你喜爱的音乐。制造这一完美系统的技术就是区块链。

P2P 基金会的核心成员及都柏林圣三一学院的讲师 Rachel O’Dwyer 表示：“区块链创造了一种可信的数字货币和会计系统使得人们就不必向美联储这样的集中式媒介求助。”

在区块链分布式系统里，所有的参与者可能互不认识，但是大家可以共享知识、共同决策、共同建设公开透明的系统。

有一些人已经开始尝试用区块链来取代第三方平台，使我们畅想的未来离我们越来越近。在以色列，La’Zooz 针对 Uber 推出自己的共享出行应用，并将其戏称为“反 Uber”。La’Zooz 展望的未来场景是：无论你在世界上哪个地方需要坐车，你的电话就能帮你联系上附近想要与你前往同一个目的地的人。也就是说，La’Zooz 想要实现真正的“实时拼车”，而不是让用户供养一家开发了应用的出租车公司。

2016 年年初，La’Zooz 推出了一个安卓应用，并在以色列境内进行了一个小型试点计划。La’Zooz 的系统用自己的代币 Zooz 给司机付钱，而 La’Zooz 的司机通过允许该应用跟踪自己的地理位置从而获得 Zooz 币。La’Zooz 的开发者认为：“这种方法能够活跃用户，让更加广泛的人群接触到 Zooz。一旦搭车业务投入运作，人们就能直接用 Zooz 币来进行支付。”截至 2016 年 6 月，La’Zooz 的站点上的用户还不足 1 万，广泛分布在世界各地，但其未来发展潜力是巨大的。

La’Zooz 的软件大部分都是由核心团队成员开发出来的，虽然还存在缺陷，但他们依旧热衷于区块链概念本身。La’Zooz 及其他相似的项目让我们看到去平台的服务和网络的确有可能成为现实，而且我们不需要任何中心平台机构。

La’Zooz 的核心成员之一 Eitan Katchka 称：“我总是跟那些质疑我们的人说，如果回到 1993 年，你会怎么跟朋友解释电子邮件呢？”

非盈利公共信托组织 XDI.org 的主席网络菲尔·温德利（Phil Windley）认为：“区块链非常复杂，这是因为人们希望通过区块链技术解决的问题也很复杂。回想一下 20 世纪 80 年代的光景，当时的人们如果想要给一些电脑建立局域网的话，面临的互联网协议也是异常复杂的。当然，与区块链相比，那些协议还是更简单一些，但是在当时的技术背景下，那就与区块链一般复杂。”

对于用区块链技术构建去平台的服务系统，菲尔·温德利感到非常兴奋：“区块链能够让我们把所有事物都纳入系统，而不需要任何一家公司作为中间人。当然，公司不会因此全部消失，但是有了区块链技术的应用以后，用户就可以随意更改提供商，所有的服务都能互用。代码全部都是开源的，没有任何一个特殊的组织可以独占某些资源。有了区块链以后，我们甚至有能力运营自己的服务器。”

但是，我们对区块链技术主导下的世界还只停留在设想阶段，谁又能保证它不会在 100 年后成为现实呢？